Claudia Verginia Dametto Joaquim
Milton Sgambatti Júnior

Álgebra
Caderno de Atividades
8º ano
Volume 1

Capa: André Rebelo

Dados Internacionais de Catalogação na Publicação (CIP)
(Câmara Brasileira do Livro, SP, Brasil)

Joaquim, Claudia Verginia Dametto. Sgambatti, Milton Júnior.

Álgebra: caderno de atividades: 8º ano, volume 1/ Matemática / Claudia Verginia Dametto Joaquim, Milton Sgambatti Júnior. – São Paulo: Editora Policarpo, 2016.
Bibliografia
ISBN: 978-85-8759235-4

1. Matemática 2.Álgebra 3. Ensino fundamental I. Joaquim, Claudia Verginia Dametto II. Sgambatti, Milton Júnior. III.Título.

09-10135   CDD-372-7

Índices para catálogo sistemático:
1. Matemática: Ensino Fundamental: 372.7

Editora Policarpo Ltda.
Rua Dr. Rafael de Barros, 185 – Conj. 12 – São Paulo – SP – CEP 04003–041
Tel./Fax (11) 3288-0895
Tel.: (11) 3284-8916

Horários dos plantões

dia da semana	horário	sala	professor

Horários dos atendimentos

dia da semana	horário	sala	professor

Cronograma de auto estudo

data	assunto	tarefa	observações

Verificação da apostila

data	observações	visto

Índice

Conjuntos 1

Conjuntos Numéricos 13

Operações em IR 20

Cálculo Algébrico 34

Estudo dos Polinômios 40

Potenciação 64

Produtos Notáveis 70

Testes de vestibular 130

Questões de vestibular 133

Gabarito 137

Bibliografia 151

Conjuntos

Conceito: Em matemática o conceito de conjunto é praticamente o mesmo que utilizamos na linguagem comum, ou seja:

Um conjunto é qualquer seleção ou agrupamento de objetos, números, letras, etc.

Veja alguns exemplos:

1) O conjunto dos países da América do Sul
2) O conjunto dos números pares estritamente positivos
3) O conjunto das vogais
4) O conjunto dos meses que tem apenas 30 dias

Cada objeto ou membro que obedecer as regras acima são chamados de elementos destes conjuntos, assim, nestes exemplos teremos os elementos:

1) Brasil, Argentina, Uruguai, Chile,...
2) 2, 4, 6, 8, 10, ...
3) a, e, i, o, u
4) abril, junho, setembro, novembro

Poderíamos escrever cada um destes conjuntos colocando seus elementos entre chaves. Observe:

1) $\{Brasil, Argentina, Uruguai, Chile,...\}$
2) $\{2, 4, 6, 8, 10, ...\}$
3) $\{a, e, i, o, u\}$
4) $\{abril, junho, setembro, novembro\}$

No *exemplo 2*, vemos que todos os números pares estritamente positivos pertencem a este conjunto. Assim, podemos dizer que o elemento 6 **pertence** ao conjunto dos pares estritamente positivos e que o elemento 5 **não pertence** a este conjunto.

Um elemento de um conjunto pode ser um número, uma letra, um nome, um símbolo, dentre outras possibilidades.

Normalmente o nome de um conjunto é indicado com uma letra maiúscula do alfabeto latino: **A, B, C, D,** etc., e o elemento do conjunto, quando for o caso, por uma letra minúscula; **a, b, c, d,** ...

Admitimos **A** como sendo um conjunto e **b** um elemento qualquer, se **b** pertence ao conjunto **A** escrevemos **b** $\in$ **A** enquanto que se **b** não pertence ao conjunto **A**, escrevemos **b** $\notin$ **A**.

Veja outros exemplos:

$5 \in \{1, 2, 3, 4, 5, 6\}$ $3 \notin \{-1, 6, -3, 2\}$

$7 \notin \{0, 2, 4, 6, 8, 10,...\}$ $15 \in \{1, 3, 5, 7, 9,...\}$

Observação importante: As noções de conjunto, elemento e pertinência são consideradas primitivas, isto é, são aceitas sem definição.

1. Complete com $\in$ ou $\notin$

a) 2 $\quad$ $\{1, 2, 3, ...\}$

b) -7 $\quad$ $\{-1, -3, -5, -7\}$

c) 5 $\quad$ $\{2, 4, 6, 8, 10, ...\}$

d) a $\quad$ $\{a, b, c, d, e, ...\}$

e) $\dfrac{3}{5}$ $\quad$ $\left\{\dfrac{2}{10}, \dfrac{4}{10}, \dfrac{6}{10}, \dfrac{8}{10}\right\}$

f) $\sqrt{4}$ $\quad$ $\{1, 2, 3, 4, 5, ...\}$

g) $0,\overline{3}$ $\quad$ $\left\{\dfrac{1}{2}, \dfrac{1}{3}, \dfrac{1}{4}, \dfrac{1}{5}, ...\right\}$

h) -9 $\quad$ $\{-7, -6, 0, 4, 8\}$

i) $0,75$ $\quad$ $\{-0;5; -0,\overline{1}; 0,2\}$

j) $-\sqrt{81}$ $\quad$ $\{-2, -1, 8, 9, 10\}$

2. Dado o conjunto $U = \{..., -3, -2, -1, 0, 1, 2, ...\}$, complete com V ou F

a) $-7 \in U$ $\quad$ ( )

b) $-2 \notin U$ $\quad$ ( )

c) $\dfrac{1}{2} \notin U$ $\quad$ ( )

d) $-\dfrac{3}{7} \in U$ $\quad$ ( )

e) $-9 \notin U$ $\quad$ ( )

f) $0,777... \notin U$ $\quad$ ( )

g) $\sqrt{9} \notin U$ $\quad$ ( )

h) $\dfrac{15}{3} \in U$ $\quad$ ( )

i) $-\dfrac{2}{4} \in U$ $\quad$ ( )

j) $0,8 \notin U$ $\quad$ ( )

Representações de um Conjunto

Podemos representar um conjunto de três maneiras distintas, vamos ver cada uma delas a partir do conjunto A = {1, 2, 3, 4, 5}

1. Por enumeração de seus elementos
Isto é, enumerando seus elementos entre chaves e separados por vírgula ou ponto e vírgula.
A = {1, 2, 3, 4, 5} ou A = {1; 2; 3; 4; 5}

2. Através de uma propriedade
Isto é, o conjunto fica determinado por uma propriedade a que todos os seus elementos, e apenas eles, satisfaçam.
A = conjunto de números estritamente positivos menores ou iguais a 5
ou
$A = \{x \in I\!N \,/\, 1 \leq x \leq 5\}$

3. Graficamente pelo diagrama de Venn-Euler

Isto é, colocamos todos os elementos do conjunto dentro de um diagrama (curva fechada)

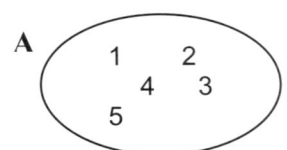

3. Represente os conjuntos abaixo por enumeração conforme o exemplo

a) $\{x \,/\, x \text{ é primo}\} = \{..., 2, 3, 5, 7,...\}$

b) $\{a \,/\, a \text{ é par e divisor de } 20\}$

c) $\{m \,/\, m \text{ é ímpar e múltiplo de } 3\}$

d) $\{y \in \mathbb{N} \,/\, y \geq -3\}$

e) $\{y \in \mathbb{Z} \,/\, -3 \leq y \leq 2\}$

f) $\{x \in \mathbb{Z} \,/\, -3 \leq x \leq 5\}$

g) $\{x \in \mathbb{N} \,/\, -2 \leq x \leq 8 \wedge x \text{ é par}\}$

h) $\{a \,/\, a \text{ é par e divisor de } 102\}$

i) $\{b \,/\, b \text{ é par, múltiplo de 3 e divisor de } 216\}$

j) $\{c \,/\, c \text{ é primo e divisor de } 187\}$

4. Represente os conjuntos abaixo através de uma propriedade observando o exemplo

a) $A = \{1, 3, 5, 7, ...\} = \{x \in \mathbb{N} \,/\, x \text{ é impar}\}$

b) $B = \{0, 1, 2, 3, 4, 5, 6, 7, 8,....\}$

c) $C = \{..., -12, -8, -4, 0, 4, 8, 12, ...\}$

d) $D = \{2, 3, 5, 7, 11, 13, 17, 19, 23\}$

e) $E = \{7, 8, 9, 10\}$

f) $F = \{2\}$

g) $G = \{\ \}$

h) $H = \{-1, 1\}$

i) $I = \{b, n, a\}$

j) $J = \{1, 2, 4, 5, 8, 10, 20, 40\}$

Conjunto unitário
Conjunto unitário é aquele que possui apenas um elemento.
Exemplos:
1) O conjunto dos satélites naturais do planeta Terra que tem apenas um elemento: A lua $\Rightarrow S = \{\text{lua}\}$
2) O conjunto solução da equação: $2x - 6 = 10 \Rightarrow x = 8 \Rightarrow S = \{8\}$

Conjunto vazio
Conjunto vazio é aquele que não possui elementos. Os símbolos utilizados para representar este conjunto são $\emptyset$ ou $\{\ \}$.
Exemplo:
1) Conjunto dos ímpares múltiplos de 2: $\{\ \}$
2) Conjunto dos estados brasileiros que fazem fronteiras com o Chile: $\emptyset$

Cuidado: $\{\emptyset\}$ **é um conjunto unitário**

Conjunto universo

Quando vamos utilizar um conjunto como referência de um estudo qualquer, chamamos este conjunto de conjunto universo, identificado pela letra **U**.

Exemplo:
Sendo $U = \{1, 2, 3, 4, 5, 6\}$ determine em **U** o conjunto dos múltiplos de 2.
Observando o conjunto universo **U** temos como múltiplos de 2, o elemento 2, o 4 e o 6.
Assim, nossa resposta será: $M(2) = \{2, 4, 6\}$
Dependendo do problema a ser resolvido o conjunto universo pode mudar, portanto devemos sempre prestar atenção a esta referência.

Igualdade entre conjuntos

Dois conjuntos **A** e **B** são iguais se todos os elementos de **A** pertencem a **B** e todos os elementos de **B** pertencem a **A**.

Exemplos:
1) $A = \{1, 2, 3, 4\}$ e $B = \{4, 3, 2, 1\} \Rightarrow A = B$
2) $A = \{1, 3, 5, 7, 9, ...\}$ e $B = \{x / x \text{ é ímpar e positivo}\} \Rightarrow A = B$
3) $A = \{m, a, c, a, c, o\}$ e $B = \{m, a, c, o\} \Rightarrow A = B$

Observe que:
No *exemplo 1* a ordem dos elementos não faz diferença quando tratamos de conjuntos.
No *exemplo 2* temos um conjunto definido por enumeração e outro através de uma propriedade. Como são equivalentes podemos dizer que são iguais.
No *exemplo 3* temos o conjunto das letras da palavra **macaco**, vemos que não é necessário repetir as letras já pertencentes ao conjunto, mas que também não existe problema em repeti-las.

Um conjunto **A** não será igual a outro conjunto **B** se algum elemento de **A não pertencer** a **B** ou se algum elemento de **B não pertencer** a **A**.

Exemplo:
$A = \{1, 2, 3\}$ e $B = \{1, 2, 3, 4\} \Rightarrow A \neq B$
Veja que **A** é diferente de **B** pois o elemento $4 \in B$ e não pertence ao conjunto **A**.

Subconjuntos

Se um conjunto **A** é tal que todos os seus elementos também são elementos de um outro conjunto **B**, dizemos que **A** é **subconjunto** de **B** ($A \subset B$ ou $B \supset A$).
Lembre-se:
$A \subset B$ lê-se **A** está contido em **B**
$B \supset A$ lê-se **B** contém **A**.

Graficamente

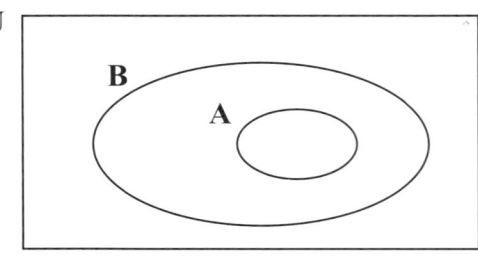

$A \subset B$
$B \subset U$
$A \subset U$

Exemplo:
$A = \{x / x \text{ é homem}\}$
$B = \{x / x \text{ é ser humano}\}$
$U = \{x / x \text{ é habitante do planeta terra}\}$

Exemplos:
1) {a, b, c} ⊂ {a, b, c, d, e}
2) {a} ⊂ {a, b, c}
3) {a, b} ⊂ {a, b}
4) {x / x é número primo } ⊂ {...–2, –1,0,1,2,3...}

Quando um conjunto não for determinado a partir dos elementos de um outro conjunto B, isto é, se existir ao menos um elemento em A que **não pertencer** a B dizemos que A **não está contido** em B. (escrevemos A ⊄ B)

Graficamente

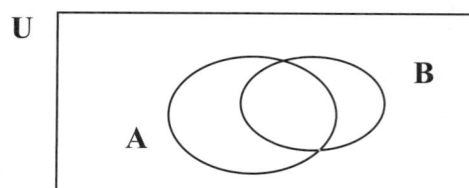

A ⊂ U
B ⊂ U
A ⊄ B
B ⊄ A

Exemplos:
U = {x / x é animal}
A = {x / x é mamífero}
B = {x / x é animal aquático}

Exemplos:
{1, 2, 3} ⊄ {1, 3, 5, 7}
{1, 2} ⊄ {0, 2, 4, 6}
{0, 1, 2, 3} ⊄ {1, 2, 3, 4, 5, ...}
{x / x é par} ⊄ {x / x é primo}

5. Representar através de uma propriedade os conjuntos, conforme o exemplo

a) A = {4, 5, 6, 7, 8, 9} = {x ∈ IN / 4≤ x ≤ 9}

b) B = {3, 2, 1, 0, –1, ...} =

c) C = {1, 2, 3, 6} =

d) D = {0, 1, 2, ..., 9}

e) E = {1, 4, 9, 16, 25, 36, ...}

f) F = {0, –10, –20, –30, -40, ...}

g) G = {1, –1, 2, –2, 3, –3, 6, –6}

h) H = {..., -4, –2, 0, 2, 4, ...}

i) I = {2, 3, 5, 7, 11, 13, ...}

j) J = {–3, 3}

6. Dizer se é (V) Verdadeiro ou (F) Falso
a) {a, b, c} = {b, c, a}   (   )

b) {0, 1, 2} = {1, 2}   (   )

c) {1, 2, 3, 2} = {1, 2, 3}   (   )

d) 0 ∈ {0, 1, 2, 3, 4}   (   )

e) {a} ⊂ {a, b}   (   )

f) {x / x é letra da palavra AMORA} = {A, M, O, R}   (   )

g) {x / x é impar} = {1, 3, 5, 7}   (   )

h) {x / x é par} = {2, 4, 6}   ( )

i) {x / x é primo} = {1, 2, 3, 5, 7, 11,...}   ( )

j) {a, b, c, d} = {x / x é letra do alfabeto}   ( )

7. Dado o conjunto A = {0, 1, 2, 3}, dizer se **V** (Verdadeiro) ou **F** (Falso)

a) $1 \in A$ ( )

b) $3 \notin A$ ( )

c) $\{1, 2\} \subset A$ ( )

d) $\{1\} \subset A$ ( )

e) $\{1, 2, 3, 4\} \subset A$ ( )

f) $\{0\} \in A$ ( )

g) $1 \subset A$ ( )

h) $\{3\} \not\subset A$ ( )

i) $\{1, 2\} \in A$ ( )

j) $\{5\} \not\subset A$ ( )

8. A partir dos conjuntos A = {1, 3, 5, 7}, B = {0, 2, 4, 6, 8} e C = {0, 1, 2, 3, 4, 5, 6, 7, 8} assinale **V** (verdadeiro) ou **F** (falso)

a) $A \subset B$ ( )

b) $A \supset C$ ( )

c) $A \subset C$ ( )

d) $B \subset A$ ( )

e) $B \subset C$ ( )

f) $A \not\subset B$ ( )

g) $A \not\subset C$ ( )

h) $C \subset A$ ( )

i) $C \not\subset A$ ( )

j) $C \subset B$ ( )

9. Sejam   A = {x / x é número ímpar compreendido entre 7 e 9}
B = {x / x é cidade e capital do Brasil}
C = {x / x é número primo par positivo}
D = {x / x é cidade cearense que não é cidade brasileira}

Assinalar **V** (Verdadeiro) ou **F** (Falso)

a) A é unitário   ( )

b) B é vazio   ( )

c) C é unitário   ( )

d) D é vazio   ( )

e) A é vazio   ( )

10. Sejam A = {a}, B = {a, b}, C = {b, c, d}, D = {a, b, c, d, e}. Assinalar **V** (verdadeiro) ou **F** (falso)

a) $A \subset B$ ( )

b) $C \supset A$ ( )

c) $C \subset D$ ( )

d) $B \supset D$ ( )

e) $A \subset D$ ( )

União ou Reunião de conjuntos

Dado dois conjuntos **A** e **B**, chama-se **união** de **A** com **B** o conjunto formado por todos os elementos que pertencerem a **A ou** ao conjunto **B**.
Representamos este conjunto por **A ∪ B** (lê-se: **A** união com **B**).

$$A \cup B = \{x / x \in A \ ou \ x \in B\}$$

Notemos que para que x seja elemento de **A ∪ B** é necessário que ele satisfaça **ao menos** uma das condições
$x \in A$ **ou** $x \in B$

Exemplo 1

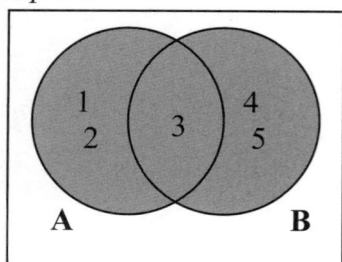

A = {1, 2, 3}
B = {3, 4, 5}

A ∪ B = {1, 2, 3, 4, 5}

Exemplo 2

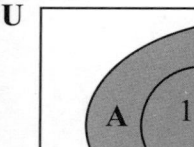
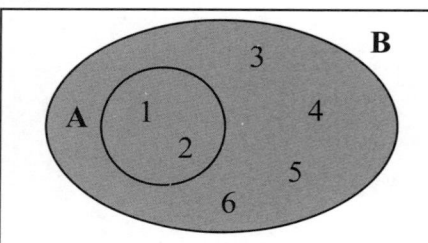

A = {1, 2}
B = {1, 2, 3, 4, 5, 6}

A ∪ B = {1, 2, 3, 4, 5, 6}

Exemplo 3

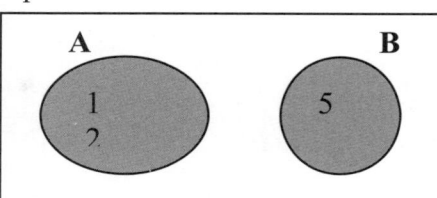

A = {1, 2, 3}
B = {5, 6}

A ∪ B = {1, 2, 3, 5, 6}

Outros exemplos:

1) {a, b} ∪ {c, d} = {a, b, c, d}

2) {a, b} ∪ {a, b, c, d} = {a, b, c, d}

3) {a, b, c} ∪ {c, d, e} = {a, b, c, d, e}

4) {a, b, c} ∪ {a, b, c} = {a, b, c}

5) ∅ ∪ ∅ = ∅

Intersecção de conjuntos

Dados dois conjuntos **A** e **B** chama-se **interseção** de **A** e **B** o conjunto formado pelos elementos que pertencerem ao conjunto A **e** ao conjunto B.
Representamos este conjunto por $A \cap B$ (lê-se: A inter B)

$$A \cap B = \{x / x \in A \ e \ x \in B\}$$

Note que para que x seja elemento de $A \cap B$ é necessário que ele satisfaça **ao mesmo tempo** as duas condições.

$$x \in A \ \mathbf{e} \ x \in B$$

Exemplo 1

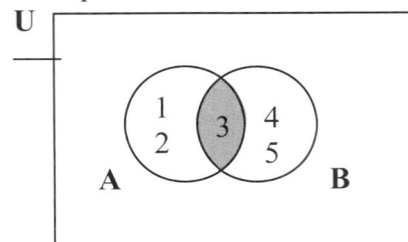

A = {1, 2, 3}
B = {3, 4, 5}

A ∩ B = {3}

Exemplo 2

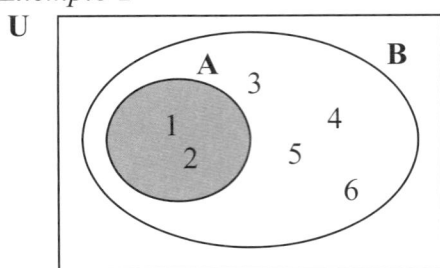

A = {1, 2}3
B = {1, 2, 3, 4, 5, 6}

A ∩ B = {1, 2}

Exemplo 3

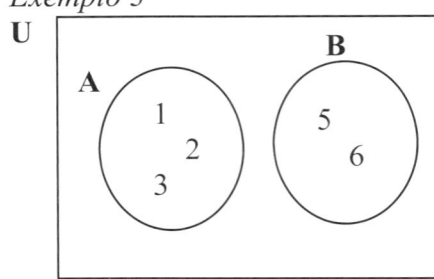

A = {1, 2, 3}
B = {5, 6}

A ∩ B = { }

Outros exemplos:

1) {a, b, c} ∩ {b, c, d, e} = {b, c}
2) {a, b} ∩ {a, b, c, d} = {a, b}
3) {a, b, c} ∩ {a, b, c} = {a, b, c}
4) {a, b} ∩ {c, d} = { }
5) {a, b} ∩ ∅ = { }

11. Dados os conjuntos A = {1, 2, 3, 4}, B = {3, 4, 5} e C = {5, 6, 7, 8} determine os conjuntos

a) A ∩ B

b) B ∩ C

c) A ∩ C

d) A ∪ B

e) A ∪ C

f) B ∪ C

12. Sendo A = {x, y}, B = {a, b, x}, C = {a, b, x, y, z} e D = {z, b}. Faça uma figura representando estes conjuntos e assinale **V** (Verdadeiro) **F** (Falso) nas proposições abaixo
Sugestão: Faça uma figura ilustrando os conjuntos (diagrama de Venn)

a) $B \cap D = \{b\}$ ( )

b) $A \cap D \neq \varnothing$ ( )

c) $[(A \cup B) \cup D] \subset C$ ( )

d) $A \cap B = \{x, y, a, b\}$ ( )

e) $C \cap D = D$ ( )

f) $A \cap B = \{a, x\}$ ( )

13. Dados os conjuntos A = {0, 1, 2, 3, 4}, B = {1, 2, 3, 4, 5, 6} e C = {3, 4, 5, 6} determine

a) A ∪ B

b) A ∪ C

c) B ∪ C

d) A ∩ B

e) A ∩ C

f) B ∩ C

14. Dados A = {a, b, c, x, y} e B = {x, y, z, w} e C = {x / x é letra do alfabeto e vogal} determine

a) A ∪ B

b) A ∩ B

c) A ∪ C

d) B ∪ C

e) B ∩ C

f) A ∩ C

g) A ∪ B ∪ C

15. Dados os conjuntos A = {x ∈ IN / 2 ≤ x ≤ 6} e B = {3, 4, 5, 6, 7} determinar A ∪ B e A ∩ B

a) A ∪ B

b) A ∩ B

16. Observando o diagrama, responder por enumeração os conjuntos

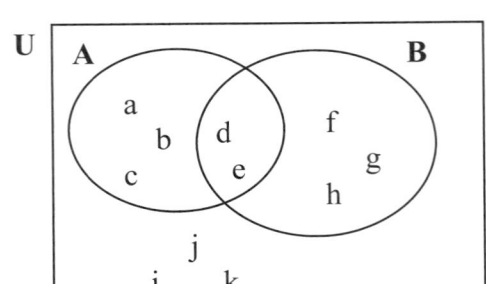

a) U

b) A

c) B

d) A ∪ B

e) A ∩ B

17. Dados os conjuntos A = {a, b, c, d}, B = {b, c, d, e} e C = {g, e, f} determinar

a) A ∪ B

b) A ∪ C

c) A ∪ B ∪ C

d) A ∩ B

e) A ∩ C

f) A ∩ B ∩ C

18. Dados os conjuntos A, B e C no universo abaixo, determine

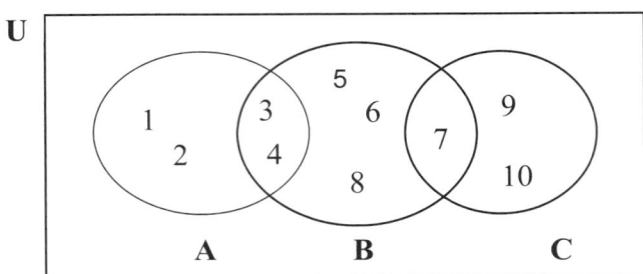

a) A ∪ B

b) A ∪ C

c) B ∪ C

d) A ∩ B

e) A ∩ C

f) B ∩ C

g) A ∪ B ∪ C

h) A ∩ B ∩ C

19. Dados os conjuntos A, B e C a seguir determine:

[Diagrama de Venn com conjuntos A, B, C dentro do universo U:
- A: a, j
- A ∩ B: f, g
- A ∩ C: b, m
- A ∩ B ∩ C: d
- C: c, k
- B: h, i, l
- Universo U]

a) A ∪ B
f) A ∩ B
g) A ∪ C
h) A ∩ C
i) B ∪ C
j) B ∩ C
k) A ∪ B ∪ C
l) B ∩ A ∩ C

20. Observe o diagrama abaixo e determine

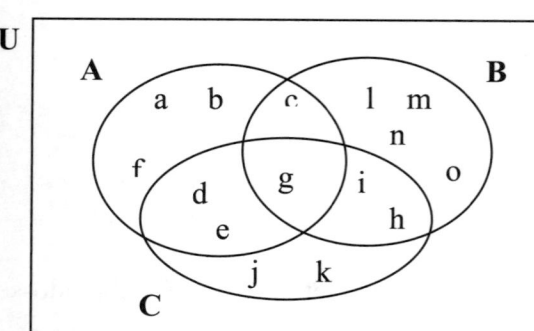

[Diagrama de Venn com conjuntos A, B, C dentro do universo U:
- A: a, b, f
- B: l, m, n, o
- C: j, k
- A ∩ C: d, e
- B ∩ C: h, i
- A ∩ B: c
- A ∩ B ∩ C: g]

a) A
b) B
c) C
d) U

e) Conjunto dos elementos que estão em A **ou** B

f) Conjunto dos elementos que estão em A **e** C

g) Conjunto dos elementos que estão em A ou B ou C

h) Conjunto dos elementos que estão em A e B e C

i) Conjunto dos elementos que estão em A **e não estão em** B

j) Conjunto dos elementos que estão em A **e em** B **e não estão em** C.

21. Numa sala de aula com 50 alunos todos falam uma língua estrangeira, destes 27 falam Inglês e 35 falam Espanhol.
Faça um diagrama de Venn-Euler ilustrando os dados da pesquisa e a seguir responda as perguntas

a) Quantos alunos falam Inglês e Espanhol?
b) Quantos alunos falam **apenas** Inglês?
c) Quantos alunos falam apenas Espanhol?

22. Numa pesquisa sobre dois produtos A e B, feita com 600 consumidores encontramos o seguinte resultado

$$\begin{cases} 120 \text{ pessoas consomem ambos os produtos} \\ 250 \text{ pessoas consomem o produto A} \\ 135 \text{ pessoas consomem o produto B} \end{cases}$$

Faça um diagrama de Venn-Euler ilustrando os dados da pesquisa e a seguir responda as perguntas

a) Quantas pessoas consomem apenas o produto A?

b) Quantas pessoas consomem apenas o produto B?

c) Quantas pessoas consomem os produtos A ou B?

d) Quantas pessoas não consomem **nenhum** dos dois produtos?

23. Num universo de 800 pessoas, foi feita uma pesquisa a respeito de três produtos A, B e C, obtendo-se os resultados abaixo.

Produtos	nº de consumidores
A	405
B	390
C	370
A e B	220
A e C	215
B e C	230
A e B e C	150

A partir dessa tabela, determinar quantas pessoas pesquisadas consomem:

a) Só o produto A

b) Só o produto B

c) Só o produto C

d) A ou B ou C

e) Nenhum dos três produtos

Conjuntos Numéricos

1) Conjunto dos números naturais (IN)
$$IN = \{0, 1, 2, 3, 4, 5, ...\}$$

Convém destacar o subconjunto:
$$IN^* = IN - \{0\} = \{1, 2, 3, 4, 5, ...\} = \text{conjunto dos números naturais não nulos}$$

2) Conjunto dos números inteiros (Z)
$$Z = \{..., -3, -2, -1, 0, 1, 2, ...\}$$

No conjunto dos inteiros destacam-se os seguintes **subconjuntos**:

$Z^* = Z - \{0\} = \{..., -3, -2, -1, 1, 2, ...\}$ = inteiros não nulos

$Z_+ = \{0, 1, 2, 3, 4, ...\}$ = inteiros não negativos

$Z_- = \{0, -1, -2, -3, -4, ...\}$ = inteiros não positivos

$Z_+^* = \{1, 2, 3, 4, ...\}$ = inteiros positivos (inteiros estritamente positivos)

$Z_-^* = \{-1, -2, -3, -4, ...\}$ = inteiros negativos (inteiros estritamente negativos)

Observações:

$\begin{cases} IN \subset Z \\ IN^* = Z_+^* \end{cases}$

Diagrama de Venn-Euler

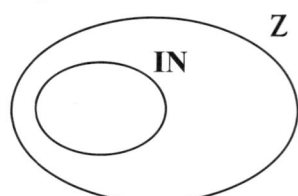

3) Conjunto dos números racionais (Q)

$$Q = \left\{ x \,/\, x = \frac{a}{b}, com\ a\ e\ b \in Z\ e\ b \neq 0 \right\}$$

Neste conjunto não temos apenas os números naturais e inteiros, temos também:

0,2 = número decimal exato $\qquad \frac{3}{10}$ = fração decimal

$\frac{2}{3}$ = frações próprias $\qquad \frac{5}{3} = 1\frac{2}{3}$ = frações impróprias

0,222... ou $0,\overline{2}$ = número decimal não exato periódico simples – dízima periódica simples

0,2333... ou $0,2\overline{3}$ = número decimal não exato periódico composto – dízima periódica composta

Dízima Periódica: nome dado aos números decimais formados por infinitas casas decimais (que sempre se repetem de forma periódica)

No conjunto dos racionais destacam-se os seguintes **subconjuntos:**

$Q^* = \{x \in Q \,/\, x \neq 0\}$ = conjunto dos números racionais não nulos

$Q_+^* = \{x \in Q \,/\, x > 0\}$ = conjunto dos números racionais positivos (ou estritamente positivos)

$Q_-^* = \{x \in Q \,/\, x < 0\}$ = conjunto dos números racionais negativos (ou estritamente negativos)

$Q_+ = \{x \in Q \,/\, x \geq 0\}$ = conjunto dos números racionais não negativos

$Q_- = \{x \in Q \,/\, x \leq 0\}$ = conjunto dos números racionais não positivos

Observações:

$$\begin{cases} IN^* \subset Z \\ IN^* = Z_+^* \\ Z \subset Q \end{cases}$$

4) Conjunto dos números irracionais (I)

Como pode-se observar no conjunto dos números racionais temos: $IN \subset Z \subset Q$.

Porém a partir de agora veremos números que não podem ser expressos na forma $\frac{a}{b}$ (fração), com **a** e **b** inteiros e $b \neq 0$. Estes números são as **dízimas infinitas não periódicas**.

Exemplos:
$\sqrt{2} \cong 1{,}4142...$
$e \cong$ (número de Euler) $2{,}718...$
$\sqrt{3} \cong 1{,}73205...$
$-\sqrt{5} \cong -2{,}236...$
$\pi \cong 3{,}1415...$

5) Conjunto dos números reais (IR)

É a reunião do conjunto dos números irracionais (I) com o conjunto dos números racionais (Q).

Observe o diagrama abaixo:

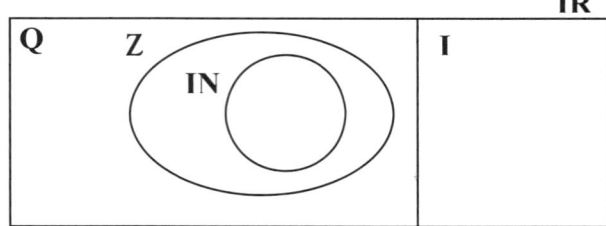

Conclusões:

Subconjuntos dos conjuntos dos números reais:

$IR^* = \{x \in IR \,/\, x \neq 0\}$
$IR_+^* = \{x \in IR \,/\, x > 0\}$
$IR_-^* = \{x \in IR \,/\, x < 0\}$
$IR_+ = \{x \in IR \,/\, x \geq 0\}$
$IR_- = \{x \in IR \,/\, x \leq 0\}$

24. Quais das afirmações abaixo são verdadeiras?

a) $0 \in IN$ ( )
b) $IN \cup Z_- = Z_+$ ( )
c) $(-3)(-6) \in Z_+$ ( )
d) $(1-3) \in IN$ ( )
e) $Z_+ \cap Z_- = \varnothing$ ( )
f) $0 \in Z$ ( )
g) $IN \subset Z$ ( )
h) $(5-7) \in Z$ ( )
i) $(-2)^2 \in Z_+$ ( )
j) $-2^2 \in Z_+$ ( )

25. Quais das afirmações abaixo são falsas?

a) $\dfrac{21}{14}$ é uma fração irredutível ( )
b) $0{,}474747... \notin Q$ ( )
c) $0 \in Q$ ( )
d) $\left\{\dfrac{4}{7}, \dfrac{11}{3}\right\} \in Z$ ( )
e) $1 \in (Q - Z)$ ( )
f) $0 \in Z$ ( )
g) $517 \in Q$ ( )
h) $0{,}464646... \in Z$ ( )
i) $\dfrac{2}{7} \in (Q - Z)$ ( )
j) $0 \in Q^*$ ( )

26. Associe V ou F:

a) $-3 \in IR$ ( )
b) $\dfrac{1}{2} \in Q$ ( )
c) $\sqrt{2} \in IR$ ( )
d) $\sqrt{4} \in IN$ ( )
e) $Z \in IN$ ( )
f) $IR - Q = I$ ( )
g) $I \cup Q = IR$ ( )
h) $I \cap Q = IR$ ( )
i) $I \cup Q = IR$ ( )
j) $I \cap Q = \varnothing$ ( )

Reta Real

Numa reta podem ser representados todos os números racionais, e todos os números irracionais, ou seja, podem ser representados todos os números reais.
Essa reta é denominada reta real.

$$-3 \quad \dfrac{-8}{3} \quad -2 \quad -\sqrt{2} \quad -1 \quad \dfrac{-1}{2} \quad 0 \quad \dfrac{1}{4} \quad \dfrac{1}{2} \quad 1 \quad 2 \quad 2{,}\overline{9} \quad 3 \quad 4 \quad (IR)$$

Módulo ou Valor Absoluto de um Número Real

Quando representamos os números reais $\frac{1}{2}$ e $-\frac{1}{2}$ por pontos, obtemos dois pontos, um à direita de zero (0) e outro à esquerda de zero (0), situados à mesma distância de zero (0).

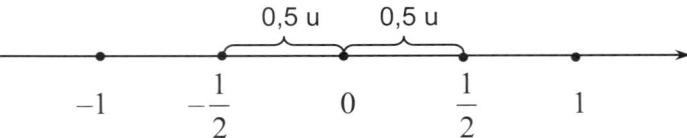

Dizemos que os números $\frac{1}{2}$ e $-\frac{1}{2}$ têm o **mesmo valor absoluto** ou **módulo**, que é $\frac{1}{2}$ e indica-se

$$\left|\frac{1}{2}\right| = \left|-\frac{1}{2}\right| = \frac{1}{2}$$

Outros exemplos:

$|2| = 2$　　　　　　　　　　$|-5| = 5$

$|-0{,}1235\ldots| = 0{,}1235\ldots$　　　$|-\sqrt{7}| = \sqrt{7}$

Números opostos ou simétricos

Quando representamos os números reais $\frac{1}{2}$ e $-\frac{1}{2}$ por pontos, obtemos dois pontos, um à direita de zero (0) e outro à esquerda de zero (0), situados à mesma distância de zero (0), porém em **sentidos contrários**. Estes números são denominados de **números opostos** ou **simétricos**.

Comparação de números reais

Comparar dois números reais **a** e **b** significa estabelecer se:
　　$a > b$　ou　$a = b$　ou　$a < b$

Exemplos:
1) comparar **a** e **b** em forma de fração

1.1) Quando os denominadores são iguais basta compararmos os numeradores: $\mathbf{a} = \frac{2}{3}$　　$\mathbf{b} = \frac{1}{3}$

$\frac{2}{3}$ e $\frac{1}{3}$ $\Rightarrow$ 2 é maior que 1

então $\frac{2}{3} > \frac{1}{3}$

1.2) Quando os denominadores são diferentes: $\mathbf{a} = \frac{5}{4}$ e $\mathbf{b} = \frac{7}{3}$

Para compararmos as frações é preciso reduzir as frações a um mesmo denominador e então comparar os novos numeradores.

$\dfrac{5}{4}$ e $\dfrac{7}{3}$ mmc (4,3) = 12

Como $\dfrac{5}{4} = \dfrac{15}{12}$ e $\dfrac{7}{3} = \dfrac{28}{12}$ $\dfrac{15}{12}$ e $\dfrac{28}{12}$

Assim: $\dfrac{15}{12} < \dfrac{28}{12}$ ou $\dfrac{5}{4} < \dfrac{7}{3}$

1.3) Quando os numeradores são iguais e os denominadores são diferentes: $a = \dfrac{2}{3}$ e $b = \dfrac{2}{5}$

$\dfrac{2}{3}$ e $\dfrac{2}{5}$ $\Rightarrow$ $\dfrac{2}{3} > \dfrac{2}{5}$

Obs.: Esta comparação também pode ser feita como no exemplo anterior.

2) Comparar **a** e **b** na forma decimal.

2.1) **a** = 1,23 e **b** = 3,006

Neste caso, comparamos as partes inteiras: o maior número é o que tem a parte inteira maior. Então:

3,006 > 1,23

2.2) **a** = 1,14 e **b** = 1,35

Neste caso os dois números tem a mesma parte inteira assim procuramos qual a primeira casa decimal diferente. A maior entre elas pertence ao maior número. Então:

1,14 < 1,35
   1 = 1
   1 < 3

Assim: 1,35 > 1,14

3) Comparar **a** e **b** onde um deles é um número real positivo e o outro é um número real negativo.

$a = -2$ e $b = \dfrac{1}{2}$

Neste caso, todo número real negativo é menor que qualquer número real positivo.

Assim: $\dfrac{1}{2} > -2$

27. Comparar os números usando > , < ou =

a) 2   3

b) −4   27

c) $\sqrt{2}$ $\sqrt{5}$

d) $-\sqrt{3}$ π

e) $\dfrac{5}{7}$ $\dfrac{5}{8}$

f) −0,307   −0,3078

g) $\dfrac{3}{13}$ $\dfrac{6}{13}$

h) 0,72   0,723

i) 1,345   1,344

j) $-\dfrac{1}{7}$ $-\dfrac{1}{8}$

28. Comparar os números usando > , < ou =

a) $\dfrac{2}{3}$ $0,\overline{6}$

b) $-\dfrac{1}{5}$ $-\dfrac{1}{4}$

c) $\dfrac{3}{2}$ $\dfrac{1}{6}$

d) $\sqrt{9}$ 3

e) −5,77...   −5,72

f) $\dfrac{1}{3}$ 0,3

g) $-\dfrac{1}{3}$ −0,3

h) $\dfrac{7}{2}$ $1\dfrac{2}{3}$

i) $5\dfrac{4}{5}$ $6\dfrac{4}{5}$

j) $1\dfrac{1}{2}$ $-1\dfrac{1}{2}$

29. Colocar em ordem decrescente os seguintes números racionais

a) 4,   −10,   5,   −3,   0,   8,   −4,   6

b) 0,   9,   −10,   −11,   7,   −8,   −15,   −2,   −5,   −1,   79,   −80

c) $\dfrac{1}{2}$, $-\dfrac{1}{3}$, $-\dfrac{1}{5}$, $-\dfrac{2}{3}$, $\dfrac{3}{5}$, $\dfrac{2}{7}$,   0,   −1

30. Colocar em ordem crescente os números reais abaixo

a) 2,7 ; −2,5 ; −1 ; −2,3 ; 2,5 ; 3,2 ; −2,7

b) $0,\overline{7}$; $-0,\overline{6}$; $-0,5$; $\dfrac{2}{3}$; $-0,555...$; $-\sqrt{25}$

c) $\sqrt{9}$; $\sqrt{4}$; $-\sqrt{16}$; $-\sqrt{10}$; $\dfrac{2}{5}$; $-1,\overline{3}$; -7 ; -6

31. Colocar em ordem crescente os números racionais seguintes:

$\dfrac{15}{16}$, $\dfrac{11}{12}$, $\dfrac{18}{19}$, 1, $\dfrac{47}{48}$, $\dfrac{2}{3}$

32. Representar sobre uma reta orientada os números racionais seguintes:

a) -2; $-\dfrac{2}{3}$; -1; $-0,75$; 0; $\dfrac{3}{2}$; $\dfrac{3}{7}$; $\dfrac{6}{2}$

b) -2; $-\dfrac{1}{3}$; -1; 0; $\dfrac{1}{2}$; $\dfrac{4}{5}$; $\dfrac{5}{2}$; $\dfrac{13}{3}$; 6

Operações em IR

As operações de adição e multiplicação de racionais se estendem para os reais, conservando as seguintes propriedades:

Considerar **a**, **b** e **c** números reais quaisquer:

Associativa
$(a+b)+c = a+(b+c)$
$(a.b).c = a.(b.c)$

Comutativa
$a+b = b+a$

Elemento Neutro
$a+0 = a = 0+a$ **0** é o elemento neutro da adição.
$a.1 = a = 1.a$ **1** é o elemento neutro da multiplicação.

Elemento Oposto
$a+(-a) = 0$

Elemento Inverso
$a.\dfrac{1}{a} = 1$ ou $a.a^{-1} = 1$, com $a \neq 0$

Distributiva
$a(b+c) = ab+ac$
$(b+c)a = ab+ac$

Fechamento
$a+b = c \in IR$
$ab = c \in IR$

Observações:

33. Observe o modelo antes de resolver os exercícios:

a) $A = \{x \in IR / 1 \leq x \leq 2\}$

b) $B = \{x \in IR / 0 < x < 2\}$

c) $C = \left\{x \in IR / -1 \leq x \leq \dfrac{1}{2}\right\}$

d) $D = \left\{x \in IR / \dfrac{1}{2} \leq x < 7\right\}$

e) $E = \{x \in IR^* / -2 \leq x \leq 3\}$

f) $F = \{x \in IR_+^* / -1 \leq x < 0\}$

g) $G = \left\{x \in IR_+ / -3 < x \leq \dfrac{4}{5}\right\}$

h) $H = \{x \in IR / 0 \leq x \leq 3\}$

i) $I = \{x \in IR / 1 \leq x < 4\}$

j) $J = \{x \in IR / -\pi \leq x < \sqrt{2}\}$

34. Observe o modelo e resolva

a) A = [number line with closed dots at −1 and 3] $A = \{x \in IR / -1 \leq x \leq 3\}$

b) B = [number line with closed dots at $-\dfrac{1}{2}$ and 4]

c) C = [number line with closed dot at 0 and open dot at $\dfrac{1}{5}$]

d) D = [number line with open dot at $-\dfrac{3}{2}$ and closed dot at $\sqrt{3}$]

e) E = [number line with closed dot at −3, open dot at 0, closed dot at 2]

f) F = [number line with closed dot at $-\dfrac{2}{5}$ and open dot at 0]

g) G = [number line with closed dot at $-\dfrac{1}{5}$ extending right]

h) H = [number line with closed dots at −3 and −1]

i) I = ⌇⌇⌇⌇⌇⌇⌇⌇⌇○─────▶
         −3

j) J = ⌇⌇⌇⌇⌇⌇○⌇⌇⌇⌇⌇▶
        0

35. Simplificar as seguintes frações transformando-as em frações irredutíveis

a) $\dfrac{15}{20}$

b) $\dfrac{16}{24}$

c) $\dfrac{8}{10}$

d) $\dfrac{46}{48}$

e) $\dfrac{36}{45}$

f) $\dfrac{8}{4}$

g) $\dfrac{4}{16}$

h) $\dfrac{51}{153}$

i) $\dfrac{138}{46}$

j) $\dfrac{25}{100}$

36. Transformar em fração decimal

a) $32,7$

b) $3,85$

c) $0,02$

d) $-0,0176$

e) $0,17$

f) $-2,71$

g) $-37,02$

h) $1,003$

i) $0,25$

j) $0,3$

37. Transformar em número decimal

a) $\dfrac{4}{10}$

b) $\dfrac{1}{100}$

c) $\dfrac{2}{5}$

d) $\dfrac{1}{25}$

e) $-\dfrac{2}{1000}$

f) $\dfrac{3}{4}$

g) $-\dfrac{3}{1000}$

h) $\dfrac{375}{10}$

i) $-\dfrac{45}{1000}$

j) $\dfrac{2}{10000}$

38. Transformar as frações impróprias para a forma mista

a) $\dfrac{7}{3}$

b) $\dfrac{4}{3}$

c) $\dfrac{5}{2}$

d) $\dfrac{19}{7}$

e) $\dfrac{12}{5}$

f) $-\dfrac{21}{6}$

g) $\dfrac{17}{2}$

h) $-\dfrac{12}{7}$

i) $\dfrac{5}{4}$

j) $\dfrac{19}{18}$

39. Observe os exemplos e a seguir transforme os números mistos em frações impróprias

a) $2\dfrac{2}{5} = 2 + \dfrac{2}{5} = \dfrac{10+2}{5} = \dfrac{12}{5}$

b) $-5\dfrac{1}{3} = -5 - \dfrac{1}{3} = \dfrac{-15-1}{3} = \dfrac{-16}{5}$

c) $3\dfrac{1}{2}$

d) $-4\dfrac{1}{5}$

e) $7\dfrac{2}{3}$

f) $-10\dfrac{3}{4}$

g) $-27\dfrac{4}{5}$

h) $2\dfrac{2}{3}$

i) $-4\dfrac{2}{7}$

j) $-1\dfrac{1}{2}$

40. Efetuar

a) $(+10)+(+5)$

b) $(-18)+(-63)$

c) $(-45)+(-15)$

d) $0+(-63)$

e) $-10+(+10)$

f) $-36+28$

g) $-100+102$

h) $-72-2$

i) $4+5$

j) $4-5$

41. Simplificar

a) $(+5).(-3)$

b) $(-9).(-8)$

c) $(+5).(-4)$

d) $10.(-9)$

e) $-12.(-3)$

f) $(-9):(+3)$

g) $(21):(-7)$

h) $(+36):(-2)$

i) $6:(-1)$

j) $0:(-10)$

42. Calcular

a) $3+(3+2)+5$

b) $3+2+\{-4+2-[3-1-(5-6)]-2\}$

c) $-2-(-3+5)-[-4-(3-7)]-\{-5+[-3-(2-1)]\}$

d) $-2-(-3+1)-\{-5-(-2+5)-[-3-(-2+7)-(1-7)]\}$

e) $[-10-(3.6-10)]:9$

f) $-7\left[25:5-(-9)(-3)\right]:(-11)$

g) $-45-\left\{-18:\left\{-9-\left[-63:(-9)\right]+10\right\}\right\}(-15)$

h) $-100:\left\{-80:(-8)-\left[16:(-2):(-4)\right](-5)\right\}:(-1)$

i) $-5-\left\{-5-3-\left[-2+(-3)-(-4+1)\right]-6\right\}-4-(-5+7)$

j) $\left[(-216:8):(74:37)\right]:\left\{\left[144:(-24)\right]:(-102:51)\right\}$

43. Efetuar:

a) $-\dfrac{3}{2} - \dfrac{1}{2}$

b) $\dfrac{1}{4} + \dfrac{3}{4}$

c) $\dfrac{2}{5} + \dfrac{7}{5}$

d) $-\dfrac{1}{2} - \dfrac{2}{5}$

e) $-\dfrac{3}{2} + \left(-\dfrac{2}{5}\right)$

f) $\dfrac{3}{5} + \left(-\dfrac{2}{3}\right)$

g) $-\dfrac{1}{2} + \left(-\dfrac{5}{6}\right)$

h) $-\dfrac{3}{4} + \left(-\dfrac{7}{12}\right)$

i) $\dfrac{11}{6} + \left(-\dfrac{7}{9}\right)$

j) $-\dfrac{2}{5} + \dfrac{5}{4}$

44. Simplifique e multiplique

a) $\dfrac{5}{12} \cdot 5$

b) $3 \cdot \dfrac{5}{12}$

c) $15 \cdot \dfrac{13}{18}$

d) $24 \cdot \dfrac{6}{7} \cdot \dfrac{7}{12}$

e) $\dfrac{3}{4} \cdot \dfrac{2}{7}$

f) $\dfrac{15}{18} \cdot \dfrac{24}{9}$

g) $\dfrac{2}{3} \cdot \dfrac{4}{5} \cdot \dfrac{3}{7}$

h) $\dfrac{1}{2} \cdot \dfrac{1}{3} \cdot \dfrac{4}{5} \cdot \dfrac{75}{64}$

i) $\dfrac{12}{3} \cdot \dfrac{4}{5} \cdot \dfrac{3}{7}$

j) $2\dfrac{3}{4} \cdot 3\dfrac{1}{2}$

45. Efetuar as divisões

a) $4 : \dfrac{2}{17}$

b) $7 : \dfrac{1}{7}$

c) $8 : \dfrac{4}{5}$

d) $\dfrac{3}{8} : \dfrac{5}{9}$

e) $\dfrac{3}{7} : \dfrac{5}{7}$

f) $\dfrac{14}{63} : \dfrac{2}{9}$

g) $\dfrac{18}{17} : 5\dfrac{1}{2}$

h) $\dfrac{1}{10} : \dfrac{1}{100}$

i) $\dfrac{4}{5} : \dfrac{25}{16} : \dfrac{81}{75}$

j) $\dfrac{1}{2} : \dfrac{1}{2} : \dfrac{1}{2} : \dfrac{1}{2}$

46. Calcule as expressões

a) $\dfrac{2}{4}+\dfrac{4}{12}+1\dfrac{3}{4}+\dfrac{7}{3}-\dfrac{1}{3}$

b) $\left(1+\dfrac{1}{2}+\dfrac{1}{3}\right):\left[3-\left(\dfrac{3}{2}:\dfrac{4}{1}\right)\right]$

c) $\left[(9-\dfrac{11}{3})\dfrac{13}{4}\right]:\left[\dfrac{11}{4}-(\dfrac{2}{3}+\dfrac{1}{6})\right]$

d) $\dfrac{\left(2+\dfrac{3}{4}\right):\left(2-\dfrac{3}{4}\right)}{\dfrac{16}{5}:\left(2+\dfrac{4}{5}\right)}-\dfrac{33}{40}$

47. Trabalhando com números mistos

a) $\dfrac{\left(152\dfrac{3}{4} - 148\dfrac{3}{4}\right) - 0,3}{0,2}$

b) $\dfrac{\left(172\dfrac{5}{9} - 170\dfrac{1}{9} + 3\dfrac{5}{9}\right)}{0,8 : 0,24}$

c) $3 : \dfrac{2}{5} : 0,05 : \left(0,15 : 2\dfrac{1}{2}\right)$

48. Simplificar as expressões

a) $100 \cdot 3,2$

b) $1000 \cdot 2,734$

c) $1356,7 \cdot 10$

d) $145,72 \cdot 1000$

e) $-7,27 \cdot 100$

f) $-3,98 \cdot 1000$

g) $275 \cdot (-10)$

h) $2,75 \cdot (-1000)$

i) $-3,49 \cdot (-100)$

j) $7,57 \cdot 100000$

49. Simplificar as divisões

a) $0,03 : 10$

b) $0,3 : 100$

c) $0,003 : 1000$

d) $-1,75 : 10$

e) $27,8 : 1000$

f) $-37,58 : 10$

g) $-49,597 : (-100)$

h) $3 : (-1000)$

i) $52 : 100$

j) $7 : 100000$

50. Efetuar

a) $3,2 + 37$

b) $0,003 + 137$

c) $0,00002 + 0,015$

d) $4,75 + 273$

e) $0,0000045 + 1,431$

f) $3437 - 4,5$

g) $1037 - 389,63$

h) $584,002 - 0,748$

51. Calcular

a) $4,73 \cdot 2$

b) $7,96 \cdot 2,1$

c) $0,09 \cdot 3,1$

d) $2,73 \cdot 0,02$

e) $6,37 \cdot 45,9$

f) $1,07 \cdot 0,17$

52. Resolva

a) $40 : 25$

b) $26,464 : 3,2$

c) $0,252 : 0,35$

d) $0,1563 : 0,03$

e) $49,245 : 2,1$

f) $43,617 : 2,01$

53. Efetue as expressões

a) $2(2,52)+4(3,5)-72,7$

b) $(3,004+2,996)(2,52+1,14+1,34)$

c) $(12,6+3,42-14,415)-3+5(16,28-15,4)$

d) $(0,426+0,574)(0,001+0,12-0,02)$

54. Calcule da maneira mais simples possível

a) $\dfrac{9}{3}+\dfrac{4}{2}$

b) $\dfrac{15}{3}+\dfrac{27}{9}$

c) $\dfrac{-18}{6}-1$

d) $\dfrac{50}{10}+3-\dfrac{21}{7}$

e) $\dfrac{16}{4}-\dfrac{25}{5}-\dfrac{8}{2}+3$

55. Observe os exemplos e depois encontre a fração geratriz de cada dízima periódica a seguir

a) $0,222... = \dfrac{2}{9}$

b) $0,141414... = \dfrac{14}{99}$

c) $0,134134134... = \dfrac{134}{999}$

d) 0,278278278...

e) 0,32323232....

f) 0,99999....

i) 0,3333...

j) 0,555...

k) 0,151515...

l) 0,125125125....

m) 0,11111.....

n) 0,494949......

g) 0,132132132....

h) 0,255255255...

o) 0,131131131...

p) 0,213213213....

56. Observe os exemplos e depois encontre as dízimas periódicas provenientes de cada uma das frações a seguir

a) $\dfrac{5}{9} = 0,555...$ (em caso de dúvida é melhor efetuar a divisão)

b) $\dfrac{13}{99} = 0,131313...$

c) $\dfrac{5}{33} = \dfrac{15}{99} = 0,151515...$

d) $\dfrac{14}{99}$

e) $\dfrac{122}{333}$

f) $\dfrac{12}{37}$

g) $\dfrac{5}{11}$

h) $\dfrac{16}{37}$

i) $\dfrac{2}{9}$

j) $\dfrac{7}{9}$

k) $\dfrac{122}{999}$

l) $\dfrac{15}{37}$

m) $\dfrac{16}{27}$

n) $\dfrac{8}{11}$

o) $\dfrac{152}{999}$

57. Observe os exemplos e depois encontre as frações geratrizes de cada dízima periódica a seguir

a) $3,2222... = 3 + 0,222... = 3 + \dfrac{2}{9} = 3\dfrac{2}{9} = \dfrac{29}{9}$

Observação:

b) 0,1222...

Chamaremos a dizima de x:

$x = 0,1222.....$ Multiplicamos a equação por 10 (de ambos os lados)
$10x = 1,2222...$ Observe que a simplificação (se subtrairmos) ainda não será completa, então
$100x = 12,222....$ multiplicamos ambos os lados da nova equação por 10 novamente.

Utilizando as duas últimas equações e subtraindo de baixo para cima:

$$\begin{cases} 10x = 1,22222..... \\ 100x = 12,22222.... \end{cases} (-)$$

$90x = 11$ isolando o x:

$x = \dfrac{11}{90}$

c) 5,4444....

d) 2,0555....

e) 3,1222.....

f) 12,8888...

g) 3,2373737....

h) 4,02121......

i) 47,232323.....

j) 29,141414....

k) 23,66666.....

l) 21,3454545....

Cálculo Algébrico

"Enquanto a aritmética trata de números, operações de suas propriedades visando a resolução de problemas ou de situações que exigem uma solução numérica, a álgebra procura expressar o que é genérico, aquilo que se pode afirmar para vários valores numéricos independentemente de quais sejam eles exatamente."

(Álgebra – IME – USP)

Por exemplo:

Na aritmética a escrita de 32 + 10 pode ser interpretada como:
– Qual o valor da soma de 32 unidades com 10 unidades? ou ainda
– Qual o número que é 10 unidades maior do que 32?
Em ambos os casos a resposta será sempre o número 42.

Já na álgebra a escrita de x + 10 pode ser interpretada de várias maneiras:
– A soma de x com 10;
– Um número que é 10 unidades maior que x;
– A idade de uma pessoa daqui a 10 anos....

Tanto na primeira situação quanto na segunda e mesmo na terceira, a resposta exige a soma ou acréscimo de um número com 10.
Em todos estes casos não se espera um valor numérico único, mas sim a expressão de um fato genérico.
Tente você agora:

58. Usando uma ou duas letras quaisquer escreva

a) o quadrado de um número real

b) o cubo de um número real

c) a soma de dois números reais

d) a sexta parte de um número real

e) o dobro de um número real adicionado ao dobro de outro número real

f) o produto da soma pela diferença de dois números reais

g) a diferença de dois números reais

h) a soma dos quadrados de dois números reais

Observe que nas frases da página anterior a representação matemática se deu por meio de uma expressão contendo letras e números. Estas expressões são denominadas **expressões algébricas ou literais**.

Exemplos: x^2, $\quad 2x+3y$, $\quad ab+c^2$, $\quad x\sqrt{2}+\dfrac{3}{y}$ ...

Numa expressão algébrica as letras que representam números reais são chamadas de variáveis.

Classificação das expressões algébricas

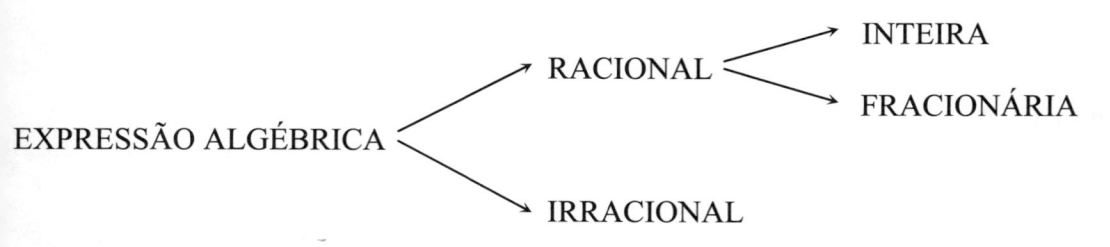

EXPRESSÃO ALGÉBRICA → RACIONAL → INTEIRA / FRACIONÁRIA
EXPRESSÃO ALGÉBRICA → IRRACIONAL

Exemplos:

$\dfrac{5x}{y}+1$ ou $3x^2-2x+4 \quad \rightarrow$

$3x^2-2x+4$ ou $\dfrac{x}{2}+\dfrac{1}{4} \quad \rightarrow$

$\dfrac{5x}{y}+1 \quad \rightarrow$

$\sqrt{2x}+\dfrac{y}{3} \quad \rightarrow$

59. Classificar em RI (racional inteira), RF (racional fracionária) ou I (irracional) cada expressão algébrica a seguir

a) $2x+3y$ ( ) b) $\dfrac{bc}{5a}$ ( ) c) $\dfrac{x-\sqrt{2}}{y}$ ( )

d) $5\sqrt{x}+3$ ( ) e) $\dfrac{5x}{y}-\dfrac{x-1}{x+2}$ ( ) f) $\sqrt{x}+\dfrac{1}{5}+\dfrac{2}{y}$ ( )

g) x^2-5x+6 ( ) h) $2x^{-1}+3$ ( ) i) $x\sqrt{2}+3y$ ( )

60. Calcular o valor numérico das expressões algébricas abaixo:

a) $2a^3-5b$, quando $a=2$ e $b=-1$

b) $mn-m^2$, quando $m=\dfrac{1}{2}$ e $n=-\dfrac{1}{2}$

c) $\dfrac{x+y}{2x-y}$, quando $x = 2$ e $y = -3$

d) $4x^2 - xy$, quando $x = \dfrac{1}{2}$ e $y = -\dfrac{3}{4}$

e) $5x^2 - 18x - 8$, quando $x = 4$

f) $\sqrt{b^2 - 4ac}$, quando $a = 6$, $b = -5$ e $c = -1$

g) $\dfrac{1-x^2}{xy+1}$, quando $x = 0,5$ e $y = 5$

h) $\dfrac{y + \dfrac{1}{x}}{x + \dfrac{1}{y}}$, quando $x = 10$ e $y = 5$

i) $\dfrac{2x + \dfrac{1}{y}}{2y + \dfrac{1}{x}}$, quando $x = 5$ e $y = 3$

j) $\dfrac{a+2}{a-1}$, quando $a=1$

k) $\dfrac{x-3}{2x-1}$, quando $x=\dfrac{1}{2}$

Observações:

61. Calcular o valor numérico de

a) $\dfrac{a^e+b^d}{e^a+d^b}-\dfrac{f^a+d^b}{c^b+d^6}$, para $a=3$, $b=2$, $c=\dfrac{1}{2}$, $d=1$, $e=0$ e $f=\dfrac{2}{3}$

b) x^4-2x^2+1, para $x=-1$

c) $\dfrac{a-b}{c}-\sqrt{\dfrac{2-b}{1-c}}$, para $a=1$, $b=\dfrac{3}{4}$ e $c=\dfrac{1}{5}$

d) $\dfrac{(a+b)^2(a-b)^2}{a^2-b^2}$, para $a=\dfrac{1}{2}$ e $b=-1$

e) $\dfrac{a-b}{a+b}+\dfrac{a+b}{a-b}-\dfrac{a^2+b^2}{a^2-b^2}$, para $a=-1$ e $b=-\dfrac{1}{2}$

f) $\dfrac{1}{a-b}+\dfrac{1}{b-a}-\dfrac{1}{c-a}-\dfrac{1}{abc}$, para $a=\dfrac{1}{3}$, $b=-2$ e $c=-1$

g) $\dfrac{1}{a+\dfrac{1}{b}}+\dfrac{1}{b+\dfrac{1}{c}}+\dfrac{1}{c+\dfrac{1}{a}}-\dfrac{1}{abc+bc+ac+ab}$, para $a=\dfrac{1}{3}$, $b=-2$ e $c=-1$

h) $\dfrac{a^2+ab-ac}{a^2+2ab+b^2-c^2}$, para $a=\dfrac{1}{2}$, $b=-\dfrac{1}{2}$ e $c=-1$

i) $\dfrac{1+a}{1-a}+\dfrac{2+2a^2}{1-a^2}-\dfrac{1-a}{1+a}$, para $a=\dfrac{1}{3}$

j) $\dfrac{a}{ab+b^2}-\dfrac{b}{a^2-ab}+\dfrac{a+b}{a^2-b^2}$, para $a=2$ e $b=-3$

Estudo dos polinômios

Expressões algébricas racionais inteiras

$3x^2 \Rightarrow$ monômio

$4x^2 + 2y \Rightarrow$ binômio

$2x^3 + 5x^2 + 1 \Rightarrow$ trinômio

$\dfrac{4xy}{3} + \dfrac{x^2 y}{5} + 2xy + 3 \Rightarrow$ polinômio

Monômio ou termo algébrico é toda expressão algébrica racional inteira composta por um só termo algébrico

Exemplos: $3x^2$ → parte literal, coeficiente numérico

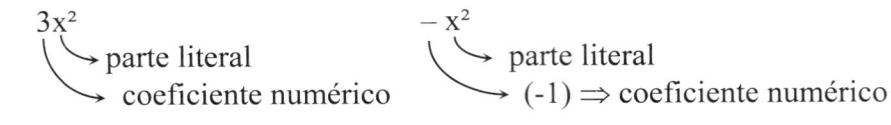

$-x^2$ → parte literal, (-1) $\Rightarrow$ coeficiente numérico

Grau de um monômio

Exemplos:

$3x^2 \Rightarrow$ monômio de grau 2

$3x^2 y^5 \Rightarrow$ monômio de grau 2 com relação a variável x

monômio de grau 5 com relação a variável y

monômio de grau 7

$\dfrac{1}{3} \Rightarrow$ monômio de grau zero

Monômios semelhantes são monômios que têm a mesma parte literal.

Exemplos: $10x^2 y$ e $-\dfrac{2}{3}x^2 y$, $2x^3$ e $7x^3$

62. Identifique as expressões algébricas seguintes como monômio (m), binômio (b), trinômio (t) ou polinômio (p)

a) $x^2 y$ (   )   b) $\dfrac{x}{y}$ (   )   c) $-7a^3$ (   )   d) $3xy - xy$ (   )

e) $a^2 + 6a^2 - 2$ (   )   f) $\dfrac{2}{3}a^2 b + 1$ (   )   g) $\dfrac{1}{5}x^2 y^3$ (   )   h) $9mn - 15mp + 3x^2 + 7$ (   )

i) $x\sqrt{2} + 3$ (   )   j) $x^2 - 5x + 6$ (   )

63. Identificar o coeficiente numérico e a parte literal de cada monômio abaixo

a) $-7a^3$ b) $-\dfrac{2}{3}m^2 n^3$ c) $\dfrac{6}{5}x^3 y$ d) $-x^2 y^2$

e) $-\dfrac{1}{2}$ f) $x^{-1}y^5$ g) $-20a^4bc^3$ h) $a^3x^5y^2$

i) -2 j) 3^{-1} k) $-xy$ l) $-x^{-2}y$

64. Determine o grau dos monômios abaixo de acordo com a variável pedida

a) $-2xy^4$, com relação a variável x

b) $\dfrac{1}{2}xy^2$, com relação a variável y

c) $-6m^2n^2$, com relação a variável m

d) $\dfrac{10}{3}a^3x^3y$, com relação a variável y

65. Qual o grau dos monômios?

a) $m^5x^3y^4$ b) $-\dfrac{1}{2}x^3y$ c) $7a^2$

d) 5^2x^2y e) $-xy$ f) 2^3

Polinômio é toda expressão algébrica racional inteira composta por dois ou mais termos.

Exemplos:
$2x^2+3$
$2x^2+5y+2$
$4x^2+6xy+2x^3+1$

Polinômio a uma variável

Exemplo: $5x^3+2x^2-\dfrac{x}{3}+2$ → x é a variável
                                              → 2 é o termo independente

Grau de um polinômio
1. Polinômio a uma variável:

$5x^3+2x^2-\dfrac{x}{3}+2$

3º grau — 2º grau — 1º grau — grau zero

Conclusão: Este polinômio é de grau 3
Note que o grau do polinômio é dado pelo **maior expoente** da variável

2. Polinômio com mais de uma variável

$$5x^3 + 2x^2y - \frac{x^3y^4}{3} - 2$$

3° grau → $5x^3$; 3° grau → $2x^2y$; 7° grau → $\frac{x^3y^4}{3}$; grau zero → -2

Conclusão: Este polinômio é de grau 7
Note que o grau do polinômio é definido pelo monômio de **maior grau**.

Forma Geral

$x^3 - 7x - 1$, é um polinômio incompleto

$x^3 - 0x^2 - 7x - 1$, é um polinômio na forma geral (esta forma será muito útil na divisão de polinômios que veremos adiante).

66. Qual o grau dos polinômios abaixo?

a) $5a^3 - 2a^4x^3 + x^6$

b) $2x + x^3 - 9x^2 - 1$

c) $x^2y^3 - 4x^3y + 7xy$

d) $ax^2 - bx^2 + c^2$

e) $x^4 - 1$

f) $2x^5 - 3x + 6x^6$

67. Escreva na forma geral os polinômios incompletos abaixo

a) $x^4 - 1$

b) $-\frac{y^2}{2} + 2$

c) $\sqrt{2}a^4 - \frac{5a}{3}$

d) $3x^5 - \frac{x^2}{2}$

e) $\frac{2y^7}{3} - \frac{y^3}{2} + 2y^2 + y$

f) $5 - 2x^2$

Operações com polinômios

Adição e subtração

68. Reduzir os termos semelhantes

a) $a^2 - 7a^2$

b) $2x - x + 3x$

c) $y^2 - 5y^2 - 3y^2$

d) $-y^2 + y^2 - 3y^2$

e) $4xy + 3xy - 10xy$

f) $17ax - 18ax$

g) $xy + \frac{3}{5}xy$

h) $\frac{1}{3}x^2 + \frac{1}{2}x^2 - \frac{5}{4}x^2$

i) $-y^2 + \dfrac{3}{8}y^2 + \dfrac{3}{4}y^2$

j) $2x^3y^5 + 5x^3y^5 - \dfrac{1}{2}x^3y^5 + \dfrac{2}{3}x^3y^5$

69. Reduzir os termos semelhantes

a) $a^3 - 2a^3 + 5a^3$

e) $\dfrac{1}{3}m + \dfrac{1}{2}m - \dfrac{4}{6}m - \dfrac{3}{5}m$

b) $4m^2 - 5m^2 - 7m^2 + m^2$

f) $2m^2 - \dfrac{3}{2}m^2 + \dfrac{5}{3}m^2 - m^2$

c) $15ab^2 - 4ab^2 + 5ab^2$

g) $\dfrac{3}{8}y^3 + \dfrac{5}{4}y^3 + y^3 + \dfrac{2}{3}y^3$

d) $4mn - 12mn - 15mn + mn$

h) $-ab + \dfrac{3ab}{2} - \dfrac{5ab}{6} + \dfrac{ab}{3}$

70. Simplifique reduzindo os termos semelhantes

a) $3m + 2n - m + 5n$

e) $(3xy^2 - xy + y^2) - (3xy + 2y^2 - 3xy^2)$

b) $2a^2 - b + 5a^2 + 3b - a^2$

f) $(2x + y) - (3x + 4y) + (2x + y^2) - y$

c) $3xy^2 + 4xy - 2xy^2 - 5xy + xy$

g) $(3x^2 + xy - y^2) - (2xy - y^2)$

d) $(2x^2 - 3x + 1) - (2x + x^2 - 5)$

h) $3x^2 + 2y^2 - (4x^2 - y^2 + 5xy) - xy$

71. Simplifique, reduzindo os termos semelhantes

a) $3x - 2y + 4x - 5y$

b) $5x^2 - 4xy + 4y^2 - 3x^2 - xy + y^2$

c) $2a - 3b - 5a + 7b - 2a$

d) $2x^2 - 3x^5 + 7x^2 + 7y^2 - 2y^2 + x^2$

e) $(-3x^2+8x+2)+(6x^2-3x+8)$

f) $(3x^2-4xy+2y^2)-(-5x^2+6xy-3y^2)$

g) $-3x-\{-4x-3-[-6x+4-(4x-6)-(-4x-6)-3x-2]\}$

h) $-2x^2-\{-3x^2-x-[-4x^2-2x+1-(3x^2-6x-3)]-(-2x^2+x+1)\}-7x^2$

72. Simplifique

a) $-5x-\{4x+1-[6x-2y+(4x-2)+3(x-y)]-2x+1\}$

b) $-3m^2+2m-\{2m+m(m-2)+5m-[3m^2+(2m-1)]+5m(m-1)\}$

c) $\{-5m(m+1)-3[m+2m^2-5m(m+2)-3m+m(m-5)]+2m\}-m^2$

d) $3xy-5x(y+3)-\{2xy+3x(y+1)-2[(x-xy)+2xy]-1\}$

e) $4x[x-2(x-3)]+\{x-[4x^2-3x(x-1)]-(2x-x^2)+x]$

73. Reduzir os termos semelhantes

a) $(3x-5y)-(-4x-2y)$

b) $(5x^2-3x+2)-(3x^2-5x-1)$

c) $\left(2a^2-\dfrac{1}{2}ab+\dfrac{3}{4}b^2\right)-\left(\dfrac{1}{3}a^2-\dfrac{1}{3}ab+b^2\right)$

d) $\left(\dfrac{2}{3}x^2 + y^2 - \dfrac{1}{2}xy + 4\right) - \left(\dfrac{1}{3}xy + \dfrac{1}{3}y^2 - 5 - \dfrac{1}{4}x^2\right)$

e) $\dfrac{1}{2}x^3 + \dfrac{1}{6}x^2 - \dfrac{1}{12}x + x^3 - 2x^2 + 2x - \dfrac{1}{3}x^3 + \dfrac{1}{6}x^2 + \dfrac{1}{8}x - 3$

f) $\dfrac{x}{2} + 4x - \dfrac{x}{4} + y - \dfrac{x}{8} + \dfrac{6b}{2} - \dfrac{3y}{4} - \dfrac{5b}{2}$

g) $2a^3b - \left[5a^2b^2 - \left(11\dfrac{1}{4}a^3b + 7\dfrac{5}{4}a^3b\right)\right] - \left(14b^4 - 7a^3b - a^4\right)$

h) $\dfrac{m^3}{3} - 2m^2 + \dfrac{11m}{3} - 2 - \left(\dfrac{1}{2}m^3 - \dfrac{4}{3}m^2 - 1\right) + \left[-1 + \left(2m - m^3\right) + \left(-\dfrac{1}{2}m^2 - \dfrac{1}{3}\right)\right]$

74. Sendo $A = x + 6y - 3z$; $B = 2x - y - 2z$ e $C = 7y - 8x + 9z$, obtenha

a) $A + B + C$

b) $A - B - C$

c) $C - (C - B)$

d) $A - (C - B)$

e) $A - B + C$

f) $2A + B - C$

75. Sendo os polinômios $B = -12x^2 - 7x + 3$ e $C = -5x^2 + 3x - 1$, determine um polinômio A, tal que:
$A - B = C$

76. Sendo $A = 2x - 3$; $B = 2x - 5$ e $C = 4x - 3$, determine $3A - B - 4B + 3C - 2A$

Multiplicação

Para multiplicarmos monômios e polinômios precisamos lembrar de uma propriedade da potenciação:

$a^m.a^n = a^{m+n}$, onde $a \in IR^*, m, n \in Z$

Complete:
1. $a^2.a^2 =$
2. $a^2.a^{-2} =$
3. $a^3.a^{-2} =$
4. $a^{-3}.a^{-3} =$

77. Efetuar as multiplicações:

a) $a^3.a^2$

b) $a^2b.ab^2$

c) $-a^3.a^2$

d) $-a^5.(-ab^2)$

e) $2x^3.3x$

f) $-x^2.4xy$

g) $2ax^3.(-3bx^2)$

h) $-\dfrac{1}{2}a^2x^3.\left(-\dfrac{3}{4}a^3xy\right)$

i) $\dfrac{3}{5}a^3b^2.\dfrac{5}{2}a^2b.\dfrac{4}{3}ab^2$

j) $-\dfrac{5}{3}x^2y^3.\left(-\dfrac{6}{15}x^3y^3\right).\left(-\dfrac{2}{3}x^5y\right)$

78. Efetuar as multiplicações

a) $m^3 . m^2 . m$

b) $a^2 . 3a . a^4$

c) $2a^5 . a^2 . a^3$

d) $-m^2 . m^4 . m^3$

e) $a^2b . ab^2 . b^3$

f) $-x^2 . 4xy^2 . y^2$

g) $-\dfrac{5}{3}a^2 . b . \dfrac{3}{10}ab^2$

h) $-3a^2b . \left(-\dfrac{2}{9}ab^3\right) . a^2$

i) $\dfrac{4}{5}a . \dfrac{10}{3}b^2 . \dfrac{9}{2}a^4 . b^2$

j) $\dfrac{1}{2}a^3b^2 . \dfrac{5}{3}ab^5 . \dfrac{9}{10}a^4b$

79. Multiplique

a) $x(2x+3)$

b) $3x(x+4)$

c) $-2x(x-1)$

d) $xy(x-y)$

e) $2x^2y(2x-3y)$

f) $\dfrac{-xy}{2}(4x-6y^2)$

g) $\dfrac{x}{3}\left(3x^2 - \dfrac{2}{5}y^2\right)$

h) $4abc(-2a^3 + 3b^{-1} - 4c^{-2})$

i) $-3x^2(-5x^2 - 4xy + 6y^2)$

j) $\dfrac{-3x^2}{2}\left(\dfrac{-1}{2}y + \dfrac{4}{9}xy^2 - 1\right)$

k) $-a^2b^3(a^2b^2 - 2ab + 3)$

l) $-\dfrac{2}{5}m^2n^3\left(2mn + \dfrac{10}{8}m^2 + 5\right)$

80. Calcule os produtos

a) $(x-5)(x-8)$

b) $(x-9)(x+1)$

c) $(x^2-7)(x^2-2)$

d) $(x^2-y)(x+y)$

e) $(x^2-2xy)(x^3+y)$

f) $(3x-8)(4x^2-3x)$

g) $(x^3+x^2)(x-3)$

h) $(2x^3+1)(x^2-x)$

81. Calcule os produtos

a) $(x+3)(x+2)$

b) $(x-5)(x-2)$

c) $(x^2-1)(x+3)$

d) $(2x-8)(3x+2)$

e) $(y^3-4y^2)(y^3+y-1)$

f) $(x-1)(x-2)(x-3)$

g) $\left(\dfrac{1}{2}x-3y\right)\left(\dfrac{1}{2}x+2y\right)$

h) $(x+6)(x-6)$

i) $(3x+2)(3x-2)(x+11)$

j) $4ab(a-1)(a-2)$

82. Calcule os produtos

a) $(x+3)(x-2)(x-1)$

b) $\dfrac{1}{2}(a-5)(a+6)$

c) $2(x-3)(x-1)(x-4)$

d) $\left(x-\dfrac{1}{2}\right)\left(x+\dfrac{1}{3}\right)\left(x-\dfrac{1}{4}\right)$

e) $\left(x^4-2x^2+1\right)\left(x^2+x-1\right)$

f) $\dfrac{1}{3}\left(3m^2+2m-1\right)(2a-3m)$

g) $-2xy(x+y)(x-2y)$ \hspace{2cm} h) $4y(x-y)(x+2y)$

i) $3(x-1)(x+4)(2x+3)$

j) $a^2b(a-b^2)(a^3+2b+b^2)$

83. Simplifique

a) $(x-3)(x+5)+2x(x^2-2)-3x^2(x+1)(x-1)$

b) $2(x^2-3)(x^2+2)-3x(x+1)(x-1)(x+2)-4x^2(x-3)$

c) $2x-\{x(x+2)(x-1)-3x^2[(x-3)(x-2)+4]-2x\}$

d) $xy(xy-2y)+3xy(xy+3)(xy-3)-x^2y^2+2xy^2-(x+y)(x+y)$

Divisão de monômios e polinômios

Para estudarmos as divisões também precisamos lembrar de uma propriedade da potenciação:

$a^m : a^n = a^{m-n}$, onde $a \in IR^*$, $m, n \in Z$

Complete:
1. $a^3 : a^2 =$
2. $a^3 : a^4 =$
3. $a^3 : a^{-3} =$
4. $a^{-3} : a^3 =$
5. $a^3 : a^3 =$

84. Calcular

a) $a^7 : a^2$

b) $(-32x^4) : (-8x)$

c) $9y^6 : (-3y^3)$

d) $(-12y^5) : (-4y^3)$

e) $20a^4b^2 : (-5ab)$

f) $-2a^4xy : 3a^2x$

g) $\dfrac{2}{7}a^4x^3 : \left(\dfrac{4}{7}ax^4\right)$

h) $-7am : (-21am)$

i) $\left(\dfrac{-5}{3}abx^7\right) : \left(\dfrac{-5}{3}bx^5\right)$

j) $(4mn^2) : (2mn^{-2})$

85. Efeutue as divisões

a) $-16ab^3 : (-8a^2b^4)$

b) $\left(\dfrac{1}{4}m^2n^2\right) : (-2mn^3)$

c) $\left(-\dfrac{3}{5}x^3b^2y\right) : \left(\dfrac{25}{9}x^2b^3y^2\right)$

d) $(-8x^3y^2z) : (16x^2y^3z)$

e) $\left(\dfrac{7}{2}a^4x^3\right) : \left(\dfrac{7}{4}ax^4\right)$

86. Determinar os quocientes

a) $(9x^5 + 21x^4 - 12x^3) : (3x^3)$

b) $(40x^3y^2 - 5x^2y^3) : (-10xy)$

c) $(12a^4b^2 - 28a^2b^2 + 4ab^3) : (4ab)$

d) $(7x^3y^2 - x^2y^2) : (-3x^2y)$

e) $(x^5 - x^4 + x^3 - x^2 - x) : x$

f) $(6x^6 - 5x^4 + 3x^3 - 9x^2) : (-3x^2)$

g) $\left(\dfrac{1}{6}ab^3 - \dfrac{5}{8}ab^2\right) : \left(-\dfrac{1}{2}ab^2\right)$

h) $(8x^4y^3 + 12x^3y^4) : (-4x^3y^5)$

i) $(25x^7 - 30x) : 5x^2$

j) $(4a^2b^3 + 2ab) : (-ab)$

Importante: Vamos lembrar dos elementos da divisão euclidiana (método da chave)

$$\begin{array}{r|l} P(x) & \;d(x) \\ \cline{2-2} & Q(x) \\ r(x) & \end{array}$$

$P(x) = dividendo$
$d(x) = divisor$
$Q(x) = quociente$
$r(x) = resto$

87. Calcule as divisões

a) $(9x^2y - 3xy^2 + xy^3) : (-3y)$

b) $(40x^3y^2 - 20x^2y^3 - 10) : (10x^4y)$

c) $(m^5 - m^4 + m^3 - m^2 + m) : (m)$

d) $(-2a^3b^4 + 8a^5b^{-2} - 16ab) : (4ab^{-1})$

e) $(-25x^2y^3 + 50) : (-25xy^2)$

88. Calcular as divisões

a) $(5x^3 - 3x^2 + 2x - 3) : (x-1)$ Obs.: Este polinômio é do 3° grau e está completo.

$\begin{array}{rrrr|l} 5x^3 & -3x^2 & +2x & -3 & \;x-1 \end{array}$

$Q(x) =$
$r(x) =$

b) $(6x^4 + x^3 - 2x^2 + 1) : (3x^2 - x + 1)$ **Obs.:** Este polinômio é do 4° grau e está incompleto.
Devemos escrevê-lo na forma geral (ver página 42) para poder efetuar esta divisão mais facilmente.

$\begin{array}{rrrrr|l} 6x^4 & +x^3 & -2x^2 & +0x & +1 & \;3x^2 - x + 1 \end{array}$

$Q(x) =$
$r(x) =$

c) $(4x^4 - 15x^3 + 6x^2 - 3x + 1) : (x^2 - 2x + 3)$

d) $(4x^4 + 3x^2 - 2x + 5) : (2x + 5)$

e) $(9x^2 - 33x + 37) : (-3x + 7)$

f) $(9x^3 - 9x^2 + 11x - 9) : (3x^2 - 2x + 3)$

g) $(x^3-x^2-x+1):(x^2-1)$

h) $(3x^4-6x^2-7x-10):(x+3)$

i) $(3x-2+6x^2):(3-2x^2)$

j) $(15+12x^2-26x):(-5+3x)$

89. Calcular as divisões

a) $\left(4x^4 - 3x^3 + 32x - 24\right) : \left(x^2 - 2x + 4\right)$

b) $\left(x^6 + 2x^5 + 3x^4 + 4x^3 + 3x^2 + 2x + 1\right) : \left(x^2 + 1\right)$

c) $\left(2x^4 + x^3 + x^2 + x - 1\right) : \left(x^2 - 2x - 3\right)$

d) $\left(2x^5 - 5x^4 - 3x^3 + 5x^2 - 1\right) : \left(x^3 - 2x^2 - x + 2\right)$

e) $(2x^5 - 5x^4 - 3x^3 + 11x^2 + x - 6) : (2x^2 - x - 3)$

f) $(3x^5 - 10x^4 + 16x^3 - 8x^2 - 4x + 8) : (x^2 - 2x + 2)$

g) $(12x^4 - 31x^3 + 14x^2 + 17x - 15) : (x^2 - 2x + 1)$

h) $(30x^3 - 53x^2 + 31x - 6) : (5x - 3)$

i) $(3x^4 - x^3 - x^2 - 4) : (x^2 + 1)$

j) $(6x^3 + 5x^2 - 12x - 3) : (2x^2 - x - 3)$

90. Numa divisão de polinômios o divisor é $(-3x + 7)$, o quociente é $(-3x + 4)$ e o resto é 9. Determine o dividendo desta divisão.

91. Numa divisão de $P(x)$ por $d(x) = 2x + 3$, temos $r(x) = -3$ e $Q(x) = 4x - 2$, calcule $P(x)$.

92. Calcule $A(x)$ sabendo que

$$\begin{array}{c|c} A(x) & x^2 + 3x + 2 \\ \hline & x - 2 \end{array}$$

$r = 8$

93. Calcule o valor de $k \in IR$ para que o polinômio $A(x) = k + 5x^3 - 4x^2 + 4x$ seja divisível por $5x+1$.

94. Calcule o valor de $p \in IR$ para que a divisão do polinômio $B(x) = 3x^3 + 9x^2 - px - 36$ pelo polinômio $F(x) = x+3$ tenha resto 0.

95. Calcular as expressões

a) $2x - 2x^2 \{2x - 3[2x - 2x(x-3)] + 6x^2\} + 3x$

b) $-2x - 2x(2x+3)(3x-1) - 3(x-1)(x+1) - 4(x^2 - 2)$

c) $\{[(-2x^3+x^2+61x+30):(x+5)-6]-2x(x-6)+x\}:4x$

d) $[(2x^4-7x^2-4):(x^2-4)]-[(x^3-4x^2+9):(x-3)]$

e) $[(x^4-16):(x^2+4)]-[(x^3+8):(x+2)]-\{(x^3-8x^2+17x-10):[(x-2)(x-5)]\}$

96. Dados os polinômios:

$A = 3x^2 - 4x + 1$; $B = x^2 - 2x + 6$; $C = -x^2 - x + 2$; $D = x^2 - x + 1$ e $E = 30x - 17$, determine:

$$\left\{ \left[\frac{(A+B-C)}{5} \right] D - E \right\} : (A+C-D)$$

Potenciação de monômios

Lembrar que:
1. Sendo $a \in IR$ e $n \in IN$, temos:

Por definição:
$a^0 = 1$

Como conseqüência temos que:
$a^1 = a$ e $a^n = \underbrace{a.a.a.a... \ ...a}_{n \text{ vezes}}$

onde: a = base
n = expoente
a^n = potência enésima de a

2. Sendo $a \in IR^*$ e $n \in IN$, temos:

Por definição:
$a^{-n} = \dfrac{1}{a^n} \rightarrow$ inverso ou recíproco de a.

Relembrando as propriedades que usaremos nos exercícios a seguir:

$(a^m)^n = a^{mn}$ $\qquad (a.b)^m = a^m b^m \qquad \left(\dfrac{a}{b}\right)^m = \dfrac{a^m}{b^m} \qquad$ onde $a, b \in IR^*$; $m, n \in IR$

97. Efetuar

a) 2^2
b) -2^2
c) $(-2)^2$
d) -2^3
e) $(-2)^3$

f) 2^0
g) -2^0
h) $\left(\dfrac{1}{2}\right)^2$
i) $\left(\dfrac{2}{3}\right)^3$
j) $\left(\dfrac{3}{4}\right)^{-2}$

98. Calcular as potências

a) $\left(a^5\right)^2$
b) $\left(-2x^4\right)^2$
c) $\left(-5y^3\right)^3$
d) $\left(3x^3 y^4\right)^2$

e) $\left(-\dfrac{1}{5}m^2 n\right)^2$
f) $\left(-\dfrac{2}{3}x^3 y^2\right)^3$
g) $\left(-\dfrac{1}{3}x^{-3} y^{-2}\right)^{-1}$

h) $\left(-4a^2b^3c\right)^4$ i) $\left(-10a^3b^2\right)^{-2}$ j) $\left(-\dfrac{3}{7}b^5c^4\right)^2$

99. Complete com os sinais de = ou ≠

a) $(xy)^2 \quad x^2y^2$ e) $(x.y)^2 \quad x.y^2$ i) $(x+y)^2 \quad x^2+y^2$

b) $(x-y)^2 \quad x^2-y^2$ f) $(3x-2)^2 \quad 9x^2-4$ j) $(3x.2)^2 \quad 9x^2.4=36x^2$

c) $(a+b)^2 \quad a^2+b^2$ g) $(a-2b)^2 \quad a^2-4b^2$ k) $\left(\dfrac{a}{b}\right)^2 \quad \dfrac{a^2}{b^2}$

d) $(2ab)^2 \quad 4ab^2$ h) $(2ab)^2 \quad 2a^2b^2$ l) $(5a^2b)^2 \quad 25a^4b^2$

100. Calcule o valor das seguintes expressões, simplificando sempre que possível

a) $\dfrac{\dfrac{1}{2}+\left(\dfrac{1}{3}\right)^{-1}-\left(\dfrac{3}{2}\right)^{-2}}{\left(\dfrac{5}{2}-\dfrac{3}{4}\right)^{-2}\left(\dfrac{1}{3}-2\right)^{-1}} \cdot \dfrac{18}{245}$

b) $\left\{\dfrac{2}{3}-\left[\dfrac{1}{7}\left(3-\dfrac{5}{2}\right)^3 : \dfrac{5}{28}+\left(2^2-3\dfrac{2}{5}\right):\dfrac{3}{5}\right]\right\}+\left(\dfrac{3}{2}-\dfrac{5}{10}\right)^5$

c) $\left(\dfrac{3}{2}\right)^{-2} + \left(\dfrac{5}{4}+\dfrac{1}{3}:\dfrac{1}{9}\right)^{-1} + \left[\left(1-\dfrac{1}{4}\right)^2 \dfrac{4}{27} - \dfrac{3}{8}\right]\left(\dfrac{1}{2}\right)^{-3}$

d) $\left[\left(\dfrac{1}{2}-\dfrac{1}{2}\cdot\dfrac{1}{2}\right)^{-2} : \left(\dfrac{1}{2}+\dfrac{1}{2}:\dfrac{1}{2}\right)^{-1}\right] - \left[\left(\dfrac{1}{2}\cdot\dfrac{1}{2}-\dfrac{1}{2}\right)^{-1} - \left(\dfrac{1}{2}:\dfrac{1}{2}+\dfrac{1}{2}\right)^{-2}\right]$

e) $\left(\dfrac{1}{2^3}-\dfrac{3}{7}:\dfrac{2^2}{7}\right)\dfrac{1}{5}+\left[\left(\dfrac{2^2}{7}-\dfrac{3}{2}\cdot\dfrac{5}{3^2}\right):1\dfrac{4}{7}+\left(\dfrac{3}{10}-\dfrac{1}{5}\right)\right]:\dfrac{1}{5}$

f) $-\dfrac{5}{7}+\left\{-\left[\left(\dfrac{1}{3}+\dfrac{3}{5}\cdot\dfrac{10}{4}\right):\dfrac{11}{3}-\left(\dfrac{3}{4}-\dfrac{3}{5}:\dfrac{3^3}{5^2}\right)\dfrac{3^2}{7}\right]\right\}\dfrac{2^3}{7}$

g) $\dfrac{\left(1-\dfrac{1}{2}\cdot\dfrac{1}{2}\right)^{-2}}{\left(1+\dfrac{1}{2}\cdot\dfrac{1}{2}\right)} : \dfrac{\left(2-\dfrac{1}{2}:2\right)^{-3}}{\left(2+\dfrac{1}{2}:2\right)}$

h) $\dfrac{\dfrac{5}{2}+\left(3-\dfrac{1}{4}\cdot\dfrac{5}{2}\right)}{\dfrac{7}{3}-\left(4-\dfrac{3}{5}:\dfrac{12}{10}\right)}\cdot\left(5\dfrac{4}{7}\right)^{-1}+\left[\left(\dfrac{1}{3}-\dfrac{1}{2}\cdot\dfrac{1}{4}\right)-\left(\dfrac{1}{8}-\dfrac{1}{4}\right)\right]$

Radiciação de monômios

Podemos dizer que a radiciação é a operação inversa da potenciação.
Sendo assim, observe:

Potenciação

$2^2 = 2.2 = 4$

$a^2 = a.a = a^2$

$(2a)^2 = 2a.2a = 4a^2$

Radiciação

$\sqrt[2]{4} = 2 \Rightarrow 2^2 = 4$

$\sqrt[2]{a^2} = a \Rightarrow a^2 = a^2$

$\sqrt[2]{4a^2} = 2a \Rightarrow (2a)^2 = 4a^2$

Na radiciação temos:

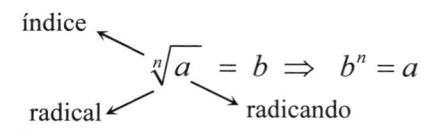

índice, radical $\sqrt[n]{a} = b \Rightarrow b^n = a$, radicando

101. Calcule

a) $\sqrt[2]{36a^2b^2}$

b) $\sqrt{\dfrac{49}{81}b^6}$

c) $\sqrt{\dfrac{16}{25}a^{10}}$

d) $\sqrt[2]{64x^6y^6}$

e) $\sqrt{-4a^2}$

f) $\sqrt{\dfrac{25b^6a^8x^2}{100}}$

g) $\sqrt[2]{a^2b^4}$

h) $\sqrt{-b^2}$

i) $\sqrt{\dfrac{8a^2b^2}{32}}$

Observações:

Produtos Notáveis

1º caso : Quadrado da soma de dois termos

$(a+b)^2 =$

102. Desenvolva

a) $(x+y)^2$

b) $(x+1)^2$

c) $(x+2)^2$

d) $(x+3)^2$

e) $(x+7)^2$

f) $(x+5)^2$

g) $(x+11)^2$

h) $(x+13)^2$

i) $(x+4)^2$

j) $(x+9)^2$

103. Desenvolva aplicando produtos notáveis

a) $(a+b)^2$

b) $(y+5)^2$

c) $(m+n)^2$

d) $(m+14)^2$

e) $(y+20)^2$

f) $(n+30)^2$

g) $(6+x)^2$

h) $(13+n)^2$

i) $(12+y)^2$

j) $(8+m)^2$

104. Aplique produtos notáveis

a) $(2x+1)^2$

b) $(2y+3)^2$

c) $(3x+3)^2$

d) $(3x+1)^2$

e) $(4x+5)^2$

f) $(5x+7)^2$

g) $(8y+2)^2$

h) $(2+3y)^2$

i) $(7y+3)^2$

j) $(5+2x)^2$

105. Desenvolva aplicando produtos notáveis

a) $(2y+5)^2$

b) $(3m+2)^2$

c) $(4+5n)^2$

d) $(7+2n)^2$

e) $(5+3y)^2$

f) $(5y+3)^2$

g) $(10y+2)^2$

h) $(2+5y)^2$

i) $(11x+1)^2$

j) $(12m+1)^2$

106. Desenvolva

a) $(3x+2y)^2$

b) $(2x+5y)^2$

c) $(3y+4x)^2$

d) $(4a+5b)^2$

e) $(6x+y)^2$

f) $(x+y)^2$

g) $(5x+5y)^2$

h) $(y+3x)^2$

i) $(3a+2b)^2$

j) $(2m+7n)^2$

107. Desenvolva aplicando produtos notáveis

a) $(x^2+y^2)^2$

b) $(a^2+b^2)^2$

c) $(2x^2+y^2)^2$

d) $(4x^2+y)^2$

e) $(3x+y^2)^2$

f) $(x^3+y^2)^2$

g) $(2x^2+1)^2$

h) $(3y^2+x^2)^2$

i) $(3x^3+2y^2)^2$

j) $(2m+7n)^2$

108. Aplique produtos notáveis

a) $(3y+2x)^2$

b) $(2y+5x)^2$

c) $(x^3+y^2)^2$

d) $(2x^2+y)^2$

e) $(3y^2+2)^2$

f) $(3a^3+b^2)^2$

g) $(x^2+4b^3)^2$

h) $(a^3+b^3)^2$

i) $(a^2+b^4)^2$

j) $(2a^4+3b^2)^2$

109. Aplique produtos notáveis

a) $\left(x+\dfrac{1}{2}\right)^2$

b) $\left(x+\dfrac{1}{3}\right)^2$

c) $\left(\dfrac{1}{2}+y\right)^2$

d) $\left(x^2+\dfrac{1}{4}\right)^2$

e) $\left(y+\dfrac{2}{3}\right)^2$

f) $\left(\dfrac{5}{3}+x\right)^2$

g) $\left(y+\dfrac{2}{3}\right)^2$

h) $\left(a+\dfrac{4}{3}\right)^2$

i) $\left(\dfrac{7}{2}+a^2\right)^2$

j) $\left(\dfrac{5}{3}x+2y\right)^2$

110. Aplique produtos notáveis

a) $\left(\dfrac{x}{3}+y^2\right)^2$

b) $\left(2x+\dfrac{2}{3}y\right)^2$

c) $\left(a+\dfrac{3}{4}b\right)^2$

d) $\left(\dfrac{a}{2}+\dfrac{b}{3}\right)^2$

e) $\left(3x^2+\dfrac{1}{3}y\right)^2$

f) $\left(\dfrac{3}{4}x^2+\dfrac{1}{2}y\right)^2$

g) $\left(\dfrac{1}{2}y+2\right)^2$

h) $\left(\dfrac{4}{3}a+b\right)^2$

i) $\left(\dfrac{1}{2}x+2y\right)^2$

j) $\left(\dfrac{4}{3}x^2+\dfrac{3}{4}y\right)^2$

111. Aplique produtos notáveis

a) $\left(\dfrac{x}{2}+\dfrac{y}{3}\right)^2$

b) $\left(\dfrac{x^2}{2}+2y^2\right)^2$

c) $\left(\dfrac{x}{3}+\dfrac{3y}{2}\right)^2$

d) $\left(\dfrac{x^2}{4}+\dfrac{x}{2}\right)^2$

e) $\left(a^2+\dfrac{2}{a}\right)^2$

f) $\left(\dfrac{x}{y}+\dfrac{y^2}{x}\right)^2$

g) $\left(\dfrac{2}{x^2}+\dfrac{y}{3}\right)^2$

h) $\left(\dfrac{3}{4}y+\dfrac{4}{5}y^2\right)^2$

i) $\left(\dfrac{a}{3}+\dfrac{3}{a^2}\right)^2$

j) $\left(\dfrac{a^2b}{4}+\dfrac{ab^2}{5}\right)^2$

112. Faça como o modelo

a) $\left(\dfrac{x+1}{x+2}\right)^2=\dfrac{(x+1)^2}{(x+2)^2}=\dfrac{x^2+2x+1}{x^2+4x+4}$

b) $\left(\dfrac{x+3}{x+1}\right)^2$

c) $\left(\dfrac{x+4}{2x+1}\right)^2$

d) $\left(\dfrac{x^2+3}{y^3+2}\right)^2$

e) $\left(\dfrac{x^2+3x}{x^2+2}\right)^2$

Observe:

$\begin{cases} (a+b)^2 = a^2 + 2ab + b^2 \\ a^2 + 2ab + b^2 = (a+b)^2 \end{cases}$

113. Faça conforme o exemplo

a) $x^2 + 4x + 4 = (x)^2 + 2.x.2 + (2)^2 = (x+2)^2$ \quad f) $m^2 + 2mn + n^2$

b) $x^2 + 6x + 9$ \qquad g) $y^2 + 8y + 16$

c) $x^2 + 10x + 25$ \qquad h) $y^2 + 6y + 9$

d) $x^2 + 20x + 100$ \qquad i) $x^2 + 14x + 49$

e) $y^2 + 24y + 144$ \qquad j) $y^2 + 12y + 36$

114. Resolva as expressões, aplicando produtos notáveis

a) $(x+1)^2 + (x+2)^2 + 3x$

b) $(x+3)^2 + 2(x+2)^2 + 3x(x+5)$

c) $(x+4)(x+1) + 3x^2(x+5)^2 + 2(x^2+1)(x^2+3)$

d) $-2(y+3)^2 + 5(y^2+2)^2 - y(y+1)^2 + 3(y+1)(y-2)$

e) $3x(x^2+1)^2 - 4(x^2+x)^2 + (x+y)^2 - 2(2x+y)^2$

f) $\dfrac{1}{2}(x+2)^2 + \dfrac{2}{3}(x+3)^2 - x(4x+3)^2 - \dfrac{1}{2}\left(x+\dfrac{1}{2}\right)$

g) $(x+3)^2 - (x+2)^2 + (x+1)^2 - (x+4)^2$

h) $(x+2)(x+3)+(2x+3)^2-(3x+2)^2+(x+7)^2$

i) $-2(x+1)(x+2)-(3x^2+2x)^2-3x\left(2x+\dfrac{1}{3}\right)^2-\dfrac{1}{9}$

j) $\left(\dfrac{2x}{3}+\dfrac{3y}{2}\right)^2-\left(\dfrac{3y}{4}+\dfrac{4x}{3}\right)^2+\left(\dfrac{x}{y}+\dfrac{y}{x}\right)^2-\left(\dfrac{2x}{y}+\dfrac{y}{2x}\right)^2$

115. Sendo $A=(3x+1)^2$, $B=(x+2)^2$ e $C=(1+2x)^2$, determine:

a) $A+B+C$

b) A – B + C

c) –A – B – C

d) A – B – C

116. Sabendo que $A = (x^2 + 1)^2$, $B = (x+3)^2$ e $C = (4+x)^2$, determine

$A + \{[-(A+B) - C] + 2A + 3B\} - A + B$

117. Sabendo que $a + b = 10$, $ab = 8$, calcule o valor de $3(a^2 + b^2)$.

118. Se $a + b = 3$, $a^2 + b^2 = (-2)^2$, determine o valor de $4ab$.

119. Sabe-se que $A = (2x+1)^2$, $B = (2x-1)^2$ e $C = (4x+1)$, determine $2A - 3B + C + 2B - C$

2º caso : Quadrado da diferença de dois termos

$(a-b)^2 =$

120. Desenvolva

a) $(x-2)^2$

b) $(x-7)^2$

c) $(x-6)^2$

d) $(y-5)^2$

e) $(y-8)^2$

f) $(a-1)^2$

g) $(a-6)^2$

h) $(x-y)^2$

i) $(x-9)^2$

j) $(x-11)^2$

121. Desenvolva aplicando produtos notáveis

a) $(3-a)^2$

b) $(7-b)^2$

c) $(8-y)^2$

d) $(10-x)^2$

e) $(7-x)^2$

f) $(y-x)^2$

g) $(a-12)^2$

h) $(y-13)^2$

i) $(a-y)^2$

j) $(y-0,1)^2$

122. Aplique produtos notáveis

a) $(x-2y)^2$

b) $(y-3x)^2$

c) $(a-4b)^2$

d) $(x-5a)^2$

e) $(x-10y)^2$

f) $(2x-y)^2$

g) $(3x-y)^2$

h) $(4y-3x)^2$

i) $(5a-2b)^2$

j) $(6a-3b)^2$

123. Desenvolva aplicando produtos notáveis

a) $(3x-2y)^2$

b) $(4m-n)^2$

c) $(5m-2n)^2$

d) $(a-7b)^2$

e) $(10a-2b)^2$

f) $(2b-7a)^2$

g) $(7b-a)^2$

h) $(3b-5a)^2$

i) $(2m-5n)^2$

j) $(10m-3p)^2$

124. Desenvolva aplicando produtos notáveis

a) $(x^2-y^2)^2$

b) $(a^2-2y)^2$

c) $(x-y^2)^2$

d) $(x-3y^2)^2$

e) $(x^3-y)^2$

f) $(y-x^2)^2$

g) $(y-3x^2)^2$

h) $(y^2-x)^2$

i) $(4x^3-2y^2)^2$

j) $(7a^2-2b^2)^2$

125. Desenvolva aplicando produtos notáveis

a) $\left(x-\dfrac{1}{2}\right)^2$

b) $\left(y-\dfrac{1}{3}\right)^2$

c) $\left(xy-\dfrac{2}{3}\right)^2$

d) $\left(x-\dfrac{1}{5}\right)^2$

e) $\left(y-\dfrac{2}{5}\right)^2$

f) $\left(\dfrac{2}{5}-xy\right)^2$

g) $\left(\dfrac{1}{2}x-y\right)^2$

h) $\left(\dfrac{1}{3}x-\dfrac{1}{2}\right)^2$

i) $\left(\dfrac{1}{2}x-\dfrac{2}{3}y^2\right)^2$

j) $\left(2x^2-\dfrac{3}{5}y^2\right)^2$

126. Aplique produtos notáveis

a) $\left(\dfrac{3}{2}x-\dfrac{1}{5}y\right)^2$

b) $\left(x^3-\dfrac{2}{3}y\right)^2$

c) $\left(\dfrac{1}{5}-\dfrac{4m^2}{7}\right)^2$

f) $\left(\dfrac{1}{3}-2y^2\right)^2$

g) $\left(6a^4b^3-\dfrac{1}{2}ab^2\right)^2$

h) $\left(\dfrac{3}{2}a^2bc-\dfrac{2}{3}ab^2c^2\right)^2$

d) $\left(\dfrac{1}{4}x^2 - \dfrac{1}{6}y^2\right)^2$

i) $\left(2a^2b - \dfrac{1}{2}\right)^2$

e) $\left(\dfrac{1}{5}x^2 - \dfrac{5y^2}{2}\right)^2$

j) $\left(-3x^2 + \dfrac{2y}{3}\right)^2$

127. Aplique produtos notáveis

a) $(x-11)^2$

f) $(4x^2 - x)^2$

b) $(x^2 - 2y^2)^2$

g) $\left(y - \dfrac{5}{2}\right)^2$

c) $(4x - 5y)^2$

h) $\left(xy - \dfrac{7y}{2}\right)^2$

d) $(7x^2 - y^3)^2$

i) $\left(\dfrac{3x}{5} - \dfrac{1}{2}y^2\right)^2$

e) $(2y - 3x^2)^2$

j) $\left(3x^2 - \dfrac{1}{3}y^2\right)^2$

128. Faça como o modelo

a) $\left(\dfrac{x-1}{x+3}\right)^2 = \dfrac{(x-1)^2}{(x+3)^2} = \dfrac{x^2 - 2x + 1}{x^2 + 6x + 9}$

b) $\left(\dfrac{x+5}{x-2}\right)^2$

c) $\left(\dfrac{x-4}{3x-2}\right)^2$

d) $\left(\dfrac{2x^2 - 3}{-5 + y^3}\right)^2$

e) $\left(\dfrac{x^2 - 3x}{2x+1}\right)^2$

Observe:

$$\begin{cases} (a+b)^2 = a^2 + 2ab + b^2 \\ a^2 + 2ab + b^2 = (a+b)^2 \end{cases}$$

129. Observe o exemplo e resolva os demais da mesma maneira

a) $x^2 - 4x + 4 = (x)^2 - 2.x.2 + (2)^2 = (x-2)^2$

f) $y^2 - 22y + 121$

b) $x^2 - 10x + 25$

g) $x^2 - 2xy + y^2$

c) $x^2 - 20x + 100$

h) $a^2 - 14a + 49$

d) $x^2 - 6x + 9$

i) $a^2 - 12a + 36$

e) $y^2 - 2y + 1$

j) $x^2 - x + \dfrac{1}{4}$

130. Resolva as expressões, aplicando produtos notáveis

a) $(x-2)^2 + (x-4)^2 + (x-5)^2$

b) $(x-3)^2 - (x-6)^2 - (x-1)^2$

c) $(x+3)^2 - (x-2)^2 + (x-4)^2 - (x-7)^2$

d) $2(x-5)^2 + (x+2)(x+3) - 3x(x-1)^2 + x^2(x-5)$

e) $(y-6)^2 - (y-2)^2 - (3+y)^2 - 2y(y-5)$

f) $(2a+b)^2 - 6ab - (a-b)^2$

g) $2\left(x-\dfrac{1}{2}\right)^2 + \left(\dfrac{1}{3}x-1\right)^2 - \dfrac{1}{3}\left(\dfrac{2x}{3}+3\right)^2 - \dfrac{2}{3}$

h) $\left[2\left(y-\dfrac{1}{3}\right)^2 - y(y+2)(y-1) + \left(y-\dfrac{1}{2}\right)^2\right] - 2y^2(y+3)$

i) $(x+5)(x-3) - 2(2x-1)^2 - (2x-4) + (-3x-1)^2$

j) $\left(m - \dfrac{5}{3}n^2\right)^2 - m(2m+1) + \left(m + \dfrac{5}{3}n^2\right)^2 - (3m - 2n^2)^2$

131. Sabendo que $(a+b)^2 = 8$ e $(a-b)^2 = 10$, determine $a^2 + b^2$

132. Sabendo que $(a+b)^2 = 12$ e $(a-b)^2 = 4$, determine $\dfrac{a^2 + b^2}{2}$.

3º caso : Produto da soma pela diferença

$(a+b)(a-b) =$

133. Desenvolva

a) $(x+2)(x-2)$

b) $(a+1)(a-1)$

c) $(x+a)(x-a)$

d) $(x+3)(x-3)$

e) $(x+7)(x-7)$

f) $(a+5)(a-5)$

g) $(x+y)(x-y)$

h) $(x-5)(x+5)$

i) $(x-4)(x+4)$

j) $(-m+6)(m+6)$

134. Desenvolva aplicando produtos notáveis

a) $(x+6)(x-6)$

b) $(a+7)(a-7)$

c) $(b+8)(b-8)$

d) $(-x+a)(x+a)$

e) $(m-10)(m+10)$

f) $(-m+9)(m+9)$

g) $(-m+t)(m+t)$

h) $(2+x)(2-x)$

i) $(4+x)(x-4)$

j) $(3-a)(a+3)$

135. Aplique produtos notáveis

a) $(2x+1)(2x-1)$

b) $(3x-1)(3x+1)$

c) $(2x+3)(2x-3)$

d) $(4-5a)(5a+4)$

e) $(5-3x)(3x+5)$

f) $(2x+a)(2x-a)$

g) $(-3a+2)(3a+2)$

h) $(2a-3b)(2a+3b)$

i) $(2x-3y)(3y+2x)$

j) $(a+3b)(-3b+a)$

136. Desenvolva utilizando produtos notáveis

a) $(2x+3b)(2x-3b)$

b) $(3a-1)(1+3a)$

c) $(-2+3x)(3x+2)$

d) $(2a+5)(2a-5)$

e) $(3+2m)(3-2m)$

f) $(a-3b)(a+3b)$

g) $(2b+3)(2b-3)$

h) $(a-3m)(3m+a)$

i) $(x-2y)(2y+x)$

j) $(-a+3m)(3m+a)$

137. Desenvolva

a) $(x^2+1)(x^2-1)$

b) $(x^2+a)(x^2-a)$

c) $(-2+x^2)(2+x^2)$

d) $(5-a^2)(a^2+5)$

e) $(-x^2+3)(x^2+3)$

f) $(x^2+3a)(x^2-3a)$

g) $(x^2+2y)(x^2-2y)$

h) $(x^2+3z)(3z-x^2)$

i) $(x^3-2)(x^3+2)$

j) $(x^5-1)(x^5+1)$

138. Desenvolva aplicando produtos notáveis

a) $(x^2+5)(x^2-5)$

b) $(x^2+6)(x^2-6)$

c) $(x^2+3y)(x^2-3y)$

d) $(2x^2+3)(2x^2-3)$

e) $(2x^2+3y)(2x^2-3y)$

f) $(4x^2-3y^3)(4x^2+3y^3)$

g) $(2x^2-2y^2)(2x^2+2y^2)$

h) $(3x^2-2y)(3x^2+2y)$

i) $(-4y^3+3x^2)(3x^2+4y^3)$

j) $(2x^8+3y^5)(3y^5-2x^8)$

139. Aplique produtos notáveis

a) $(x^2+2x)(x^2-2x)$

b) $(x^3-3x)(x^3+3x)$

c) $(x^2+x)(x^2-x)$

d) $(x^2+2x)(2x-x^2)$

e) $(2x^2+x)(2x^2-x)$

f) $(-3x^2+2x)(2x+3x^2)$

g) $(a^2-3a)(a^2+3a)$

h) $(a^3-2a^2)(2a^2+a^3)$

i) $(-2x^2+3x^3)(3x^3+2x^2)$

j) $(4x^2-2y)(2y+4x^2)$

140. Desenvolva aplicando produtos notáveis

a) $\left(x+\dfrac{1}{2}\right)\left(x-\dfrac{1}{2}\right)$

b) $\left(2x+\dfrac{1}{3}\right)\left(2x-\dfrac{1}{3}\right)$

c) $\left(x+\dfrac{3}{4}\right)\left(x-\dfrac{3}{4}\right)$

d) $\left(2x+\dfrac{5}{2}\right)\left(2x-\dfrac{5}{2}\right)$

f) $\left(\dfrac{2x}{3}+\dfrac{1}{4}\right)\left(\dfrac{2x}{3}-\dfrac{1}{4}\right)$

g) $\left(3x+\dfrac{1}{3}\right)\left(-3x+\dfrac{1}{3}\right)$

h) $\left(\dfrac{2}{5}x+\dfrac{3}{7}\right)\left(\dfrac{2}{5}x-\dfrac{3}{7}\right)$

i) $\left(\dfrac{x}{2}+\dfrac{a}{3}\right)\left(-\dfrac{x}{2}+\dfrac{a}{3}\right)$

e) $\left(3x+\dfrac{2}{5}\right)\left(3x-\dfrac{2}{5}\right)$

j) $\left(\dfrac{2}{5}x-\dfrac{y}{3}\right)\left(\dfrac{2}{5}x+\dfrac{y}{3}\right)$

141. Aplique produtos notáveis

a) $\left(2x+\dfrac{1}{y}\right)\left(2x-\dfrac{1}{y}\right)$

f) $\left(\dfrac{3}{2x^2}-\dfrac{4}{y}\right)\left(\dfrac{3}{2x^2}+\dfrac{4}{y}\right)$

b) $\left(4x+\dfrac{1}{b}\right)\left(-\dfrac{1}{b}+4x\right)$

g) $\left(\dfrac{2}{x}+\dfrac{1}{3y^2}\right)\left(-\dfrac{2}{x}+\dfrac{1}{3y^2}\right)$

c) $\left(2x^2-\dfrac{3}{a}\right)\left(2x^2+\dfrac{3}{a}\right)$

h) $\left(\dfrac{2x}{y}+3x^2\right)\left(\dfrac{2x}{y}-3x^2\right)$

d) $\left(2x^6-\dfrac{1}{a^2}\right)\left(\dfrac{1}{a^2}+2x^6\right)$

i) $\left(\dfrac{3a}{b^2}+\dfrac{b}{a^3}\right)\left(-\dfrac{b}{a^3}+\dfrac{3a}{b^2}\right)$

e) $\left(3x^3-\dfrac{5}{2x}\right)\left(3x^3+\dfrac{5}{2x}\right)$

j) $\left(\dfrac{2}{x^2}+\dfrac{1}{c^3}\right)\left(-\dfrac{1}{c^3}+\dfrac{2}{x^2}\right)$

142. Aplique produtos notáveis

a) $\left(\dfrac{2}{3}x+x^2\right)\left(-\dfrac{2}{3}x+x^2\right)$

f) $\left(4x-\dfrac{2x^2}{3}\right)\left(\dfrac{2x^2}{3}+4x\right)$

b) $\left(\dfrac{3x}{5}+\dfrac{x^2}{3}\right)\left(\dfrac{x^2}{3}-\dfrac{3x}{5}\right)$

g) $\left(\dfrac{3x^2}{2}+2b\right)\left(-2b+\dfrac{3x^2}{2}\right)$

c) $\left(\dfrac{2x}{3}+\dfrac{5x^2}{7}\right)\left(-\dfrac{2x}{3}+\dfrac{5x^2}{7}\right)$

h) $\left(\dfrac{a^2}{3}-\dfrac{b^3}{5}\right)\left(\dfrac{b^3}{5}+\dfrac{a^2}{3}\right)$

d) $\left(3x^2+\dfrac{2x}{9}\right)\left(-\dfrac{2x}{9}+3x^2\right)$

i) $\left(\dfrac{2a^2}{3}-\dfrac{3b^3}{2}\right)\left(\dfrac{3b^3}{2}+\dfrac{2a^2}{3}\right)$

e) $\left(\dfrac{2x}{5}-\dfrac{7x^2}{2}\right)\left(\dfrac{2x}{5}+\dfrac{7x^2}{2}\right)$

j) $\left(\dfrac{2a}{5}+3m^2\right)\left(-3m^2+\dfrac{2a}{5}\right)$

Observe:

$$\begin{cases}(a+b)(a-b)=a^2-b^2 \\ a^2-b^2=(a+b)(a-b)\end{cases}$$

143. Faça conforme o exemplo

a) $x^2-4=(x)^2-(2)^2=(x+2)(x-2)$

f) $16-m^2$

b) x^2-9

g) $25-9x^2$

c) x^2-1

h) $36a^2-4b^2$

d) $x^2 - a^2$

e) $4 - b^2$

i) $25x^2 - \dfrac{1}{4}$

j) $\dfrac{16x^2}{9} - \dfrac{1}{25}$

144. Desenvolva os produtos notáveis simplificando ao máximo cada expressão algébrica a seguir

a) $(2x+1)(2x-1) + (x^2+2)^2 + 3(2x-1)^2 + x(x-2)$

b) $2(x+3)(x-1) + 3(x^2+3x)(x^2-3x) + (x-1)^2$

c) $3(x-1)(x+1) - 5(2x+3)^2 + 2(x-2)(x-5) - (3x-2x^2)^2$

d) $3(2y+1)(2y-1) + 5(4y-2)^2 + 5(y-1)(y+6)$

e) $7(3x-1)(3x+1) + 6(3x^2-2x)^2 + 2(x+1)(x-1)$

f) $2\left(4x-\dfrac{1}{2}\right)\left(4x+\dfrac{1}{2}\right)+5\left(\dfrac{3x^2}{5}-\dfrac{1}{2}\right)^2+2(x+1)(x-1)$

g) $\dfrac{1}{3}(3x^2-1)(3x^2+1)-2(3x-1)(3x+1)-2(2x+1)(2x-1)$

h) $\dfrac{1}{5}(5x+1)(5x-1)+3\left(\dfrac{2x}{3}+\dfrac{1}{3}\right)\left(\dfrac{2x}{3}-\dfrac{1}{3}\right)+3\left(2x+\dfrac{1}{3}\right)^2+8\left(\dfrac{3x}{2}+\dfrac{1}{3}\right)\left(\dfrac{1}{3}-\dfrac{3x}{2}\right)$

i) $\left(2x-\dfrac{1}{2}\right)\left(2x+\dfrac{1}{2}\right)-3\left(2x+\dfrac{1}{3}\right)^2+2\left(x-\dfrac{1}{2}\right)\left(2x+\dfrac{1}{3}\right)$

j) $(2x+1)(2x+1)-3\left(2x-\dfrac{1}{3}\right)\left(2x+\dfrac{1}{3}\right)+5\left(-3x+\dfrac{2}{5}\right)\left(3x+\dfrac{2}{5}\right)-6\left(2x-\dfrac{1}{3}\right)\left(2x-\dfrac{1}{3}\right)$

4º caso : Produto de Stevin

$(x+a)(x+b)=$

145. Desenvolva

a) $(x+2)(x+3)$

b) $(x+1)(x+2)$

c) $(x+3)(x+5)$

d) $(x+1)(x+6)$

e) $(x-2)(x-5)$

f) $(x-2)(x-3)$

g) $(x-1)(x-5)$

h) $(x+3)(x+7)$

i) $(x-5)(x-7)$

j) $(x-1)(x-6)$

146. Desenvolva aplicando produtos notáveis

a) $(x-2)(x+3)$

b) $(x-5)(x+1)$

c) $(x-3)(x+2)$

d) $(x+4)(x-2)$

e) $(x+5)(x-2)$

f) $(x+3)(x-7)$

g) $(x+1)(x-3)$

h) $(x+2)(x-5)$

i) $(x-5)(x-6)$

j) $(x+2)(x+8)$

147. Aplique produtos notáveis

a) $\left(x-\dfrac{1}{2}\right)(x+2)$

b) $(x+2)\left(x-\dfrac{1}{5}\right)$

c) $\left(x+\dfrac{1}{3}\right)(x+1)$

d) $\left(x+\dfrac{5}{3}\right)\left(x-\dfrac{2}{3}\right)$

e) $\left(x+\dfrac{5}{2}\right)\left(x+\dfrac{3}{2}\right)$

f) $\left(x-\dfrac{1}{4}\right)\left(x-\dfrac{1}{5}\right)$

g) $\left(x+\dfrac{1}{7}\right)\left(x+\dfrac{3}{2}\right)$

h) $\left(x-\dfrac{1}{5}\right)\left(x+\dfrac{2}{3}\right)$

i) $(x+2)\left(x-\dfrac{1}{4}\right)$

j) $(x+3)\left(x-\dfrac{3}{5}\right)$

148. Desenvolva utilizando produtos notáveis

a) $\left(x+\dfrac{1}{3}\right)(x+4)$

b) $\left(x-\dfrac{1}{2}\right)(x-2)$

c) $\left(x+\dfrac{3}{4}\right)\left(x-\dfrac{1}{5}\right)$

d) $\left(x+\dfrac{2}{5}\right)\left(x+\dfrac{3}{5}\right)$

e) $\left(x+\dfrac{1}{2}\right)\left(x-\dfrac{1}{7}\right)$

f) $(x-1)\left(x+\dfrac{1}{5}\right)$

g) $(x-2)\left(x+\dfrac{1}{5}\right)$

h) $\left(x+\dfrac{1}{5}\right)\left(x-\dfrac{1}{3}\right)$

i) $(x+2)\left(x+\dfrac{3}{5}\right)$

j) $\left(x-\dfrac{1}{3}\right)\left(x+\dfrac{3}{5}\right)$

149. Desenvolva

a) $(x^2-1)(x^2+3)$

b) $(x^2-3)(x^2+2)$

c) $(x^2+6)(x^2-2)$

d) $(x^2-2)(x^2-1)$

e) $(x^2+6)(x^2-5)$

f) $(x^2+3)(x^2-2)$

g) $(x^2-1)(x^2+6)$

h) $(x^3-8)(x^3-1)$

i) $(x^3-2)(x^3+6)$

j) $(x^2-5)(x^2+3)$

150. Desenvolva aplicando produtos notáveis

a) $(m-1)(m+3)$

b) $(a+2)\left(a-\dfrac{1}{2}\right)$

c) $\left(a-\dfrac{3}{2}\right)\left(a+\dfrac{1}{5}\right)$

d) $(y-2)\left(y+\dfrac{2}{5}\right)$

e) $\left(y-\dfrac{3}{2}\right)\left(y-\dfrac{1}{2}\right)$

f) $\left(y+\dfrac{3}{4}\right)\left(y-\dfrac{1}{2}\right)$

g) $\left(y+\dfrac{3}{2}\right)(y+2)$

h) $(m+2)\left(m-\dfrac{1}{3}\right)$

i) $\left(b+\dfrac{1}{5}\right)\left(b+\dfrac{1}{3}\right)$

j) $(b^2+2)(b^2-1)$

151. Aplique produtos notáveis

a) $(m+2)(m+1)$

b) $(n-2)\left(n+\dfrac{1}{8}\right)$

c) $\left(p+\dfrac{1}{5}\right)\left(p-\dfrac{2}{3}\right)$

d) $(c-2)\left(c+\dfrac{1}{2}\right)$

e) $(n-8)(n+3)$

f) $(w+2)(w-3)$

g) $(z+2)\left(z-\dfrac{1}{6}\right)$

h) $\left(y+\dfrac{2}{5}\right)\left(y-\dfrac{3}{2}\right)$

i) $(z^2+3)\left(z^2-\dfrac{1}{2}\right)$

j) $(z^2-1)(z^2+5)$

152. Desenvolva aplicando produtos notáveis

a) $(2x+1)(2x-3)$

b) $(2x+3)(2x+5)$

c) $(2x+5)(2x-1)$

d) $(3x+6)(3x+2)$

e) $(3x+1)(3x-6)$

f) $(2x+6)(2x-5)$

g) $(2x+6)(2x-5)$

h) $(3x+3)(3x+6)$

i) $(4x+1)(4x-2)$

j) $(3x+2)(3x-5)$

153. Faça conforme o exemplo

a) $x^2 - 5x + 6 = x^2 + (-2-3)x + 2.3 = (x-2)(x-3)$ f) $x^2 + 6x + 5$

b) $x^2 - 7x + 12 =$ g) $x^2 + 3x + 2$

c) $x^2 - 4x + 3$ h) $x^2 - 8x + 15$

d) $x^2 + 5x + 6$ i) $x^2 + 7x + 10$

e) $x^2 + 8x + 12$ j) $x^2 - 9x + 14$

154. Observe o exemplo e resolva os demais:

a) $x^2 + 8x + 12 = x^2 + (2+6)x + 2.6 = (x+2)(x+6)$ f) $x^2 - 9x + 20$

b) $x^2 + 9x + 18$ g) $x^2 + 10x + 9$

c) $x^2 - 5x + 4$ h) $x^2 - 8x + 7$

d) $x^2 - 7x + 10$ i) $x^2 - 10x + 21$

e) $x^2 + 8x + 16$ j) $x^2 - 9x + 18$

155. Simplifique as expressões o máximo possível

a) $2(x^2 - 3)(x+1) - 2(x+1)(x-1) - 5(x-2)^2 + 3(x+1)^2$

b) $(x+2)(x-3) + 5(2x+3)(2x-3) - 2(x-3)^2 + (x+2)^2$

c) $(x-1)(x+3) - 6(2x-1)^2 + 3(2x+1)(2x+6) - 5(x-3)^2$

d) $\frac{1}{3}(x+8)(3x+2)+5(2x+1)^2-3(x-1)^2+\frac{1}{2}(x+2)^2$

e) $(3x+1)(x+3)+\frac{1}{2}(2x-5)^2+\frac{1}{3}(3x-1)^2+5(2x+1)^2$

f) $\frac{2}{3}(3x+2)^2-5(x-1)(x+2)+2(3x+2)^2+5(x-2)$

g) $4(x-2)^2 - \dfrac{3}{2}(2x+3)(2x+1) - 5(x+3) + 3(x+1)^2$

h) $\dfrac{10}{5}(x-3) + \dfrac{2}{4}(x-1)^2 + (3x-2)^2 + (5x-1)\left(5x+\dfrac{1}{2}\right)$

i) $2\left(x-\dfrac{1}{3}\right)(x+2) + \dfrac{10}{3}\left(x-\dfrac{1}{2}\right)^2 + \dfrac{3}{2}\left(x+\dfrac{1}{3}\right) - \dfrac{3}{2}(x+2)$

j) $\dfrac{3}{5}(x+3)\left(x-\dfrac{1}{2}\right) + 3\left(x+\dfrac{1}{3}\right)^2 - 3(2x+1) + 2(x-1)^2$

156. Simplifique as expressões o máximo possível utilizando produtos notáveis

a) $(2x+3)^2 - (x-1)^2 + 3(2x+1)(x-2) - 2(x+2) - 2(x+2)(x-3)$

b) $3(2x+1)^2 - 5(x+2)(x-1) + (x-3)^2 + 2(x-2)(x+2)$

c) $5(3x+6)^2 - 5(x-1)(x-1) - 3(2x+1)(2x-3)$

d) $6\left(2x+\dfrac{1}{3}\right)^2 - 2(x-3)^2 - 3\left(2x-\dfrac{1}{3}\right)\left(2x+\dfrac{1}{3}\right) + 2(x-1)$

e) $\left(2x-\dfrac{1}{3}\right)\left(2x+\dfrac{1}{3}\right)-3(4x+1)^2-5(2x+3)-2\left(x-\dfrac{1}{2}\right)^2+\dfrac{1}{9}$

f) $\dfrac{1}{8}-5(x-1)(2x+1)-\dfrac{1}{2}\left(3x-\dfrac{1}{2}\right)^2+\dfrac{1}{2}(3x+1)^2+5$

g) $8x\left(3x-\dfrac{1}{2}\right)^2+4(2x-1)(2x+1)-10x\left(3x+\dfrac{2}{5}\right)^2+4x(x-2)+\dfrac{3}{5}$

h) $\dfrac{9x}{2}\left(4x-\dfrac{1}{3}\right)\left(4x+\dfrac{1}{3}\right)-20\left(3x+\dfrac{1}{2}\right)^2-5x(2x+1)^2-4x$

i) $5x\left(3x-\dfrac{1}{2}\right)^2+3(2x+6)(2x-6)+5x(x-1)(x+1)+6(2x+3)^2-\dfrac{5x}{4}$

5º caso : Cubo da Soma de Dois termos

$(a+b)^3 =$

157. Desenvolva

a) $(x+y)^3$

b) $(x+2)^3$

c) $(x+4)^3$

d) $(x+1)^3$

e) $(y+5)^3$

f) $(y+6)^3$

g) $(x+10)^3$

h) $(x+7)^3$

i) $(x+11)^3$

j) $(a+4)^3$

158. Desenvolva aplicando produtos notáveis

a) $(2x+y)^3$

b) $(x+3y)^3$

c) $(x+4y)^3$

d) $(2x+3y)^3$

e) $(x+2y)^3$

f) $(4x+3y)^3$

g) $(2x+1)^3$

h) $(3y+2)^3$

i) $(5x+2)^3$

j) $(3+3y)^3$

159. Desenvolva aplicando produtos notáveis

a) $(x^2+y^2)^3$

b) $(x^3+3y^3)^3$

c) $(x^2+x)^3$

d) $(x+y^2)^3$

e) $(x^3+y)^3$

f) $(2x^2+y)^3$

g) $(3x^3+2y^3)^3$

h) $(4x^2+2x)^3$

i) $(3y+y^2)^3$

j) $(2x^2+3y^3)^3$

160. Desenvolva aplicando produtos notáveis

a) $\left(x+\dfrac{1}{3}\right)^3$

b) $\left(x+\dfrac{1}{2}\right)^3$

f) $\left(\dfrac{1}{4}x^2+y^2\right)^3$

g) $\left(\dfrac{1}{2}x^2+y^2\right)^3$

c) $\left(2x+\dfrac{1}{2}\right)^3$

d) $\left(x^2+\dfrac{2}{3}\right)^3$

e) $\left(a^2+\dfrac{1}{2}a\right)^3$

h) $\left(\dfrac{3}{5}y+5x\right)^3$

i) $\left(\dfrac{1}{6}+3x\right)^3$

j) $\left(x^3+\dfrac{2}{3}\right)^3$

161. Desenvolva aplicando produtos notáveis

a) $\left(x^2+\dfrac{1}{2}y^2\right)^3$

b) $\left(3x^2+\dfrac{1}{3}y^2\right)^3$

c) $\left(\dfrac{1}{3}y^2+4\right)^3$

d) $\left(2a^2+b^3\right)^3$

e) $\left(x^5+y^3\right)^3$

f) $\left(2m^3n^2+n\right)^3$

g) $\left(\dfrac{1}{2}a^2+2ab^2\right)^3$

h) $\left(m^2n^3+m^3n^2\right)^3$

i) $\left(\dfrac{2}{5}+\dfrac{1}{2}y^3\right)^3$

j) $\left(a^2b^3c+abc\right)^3$

162. Desenvolva aplicando produtos notáveis

a) $\left(2xy+3x^2y\right)^3$

f) $\left(\dfrac{3}{5}a^5+\dfrac{5}{3}b^5\right)^3$

b) $(5a^3 + 7a^2)^3$

c) $(3x + 2y)^3$

d) $(9x + 1)^3$

e) $\left(\dfrac{1}{3}a^2 b + 1\right)^3$

g) $\left(x^2 y^3 + \dfrac{1}{3}\right)^3$

h) $(x^2 + 1)^3$

i) $(y^3 + 3)^3$

j) $(a^4 + b)^3$

163. Aplique produtos notáveis e reduza os termos semelhantes:

a) $(x+1)^3 + (x+2)^3 + x^3 + 3$

b) $(x+2)^2 - (x+3)^2 + (x+2)(x-2) - (x+5)(x+7) - (x-1)^3$

c) $2x(x+1)(x-1) - (x+1)^3 + 2x(x+2)(x+5) - 3x^3$

d) $-\left(x^2+1\right)^2-\left(x^2-1\right)^2+\left(x^2-1\right)\left(x^2+1\right)-\left(x^2+1\right)^3$

e) $-2x(x+3)^3-\dfrac{1}{3}(x+3)^3+\dfrac{1}{2}(x-2)^2+2x^6-1$

f) $3x(x-1)(x-7)+2(x+1)(x+7)-(x+2)^3-3x\left(x^2-1\right)$

g) $\dfrac{1}{3}(x+1)^3-\dfrac{2}{3}(x+2)^3-\left(x+\dfrac{1}{2}\right)\left(x-\dfrac{1}{2}\right)$

h) $(2x-1)(2x+1)-(x+3)(x-3)-\dfrac{1}{3}(x+3)^2-(2x+1)^3$

i) $4\left(x+\dfrac{1}{4}\right)^2-5(5x-1)^2-3\left(\dfrac{1}{3}x+1\right)\left(\dfrac{1}{3}x-1\right)-(x-1)^3+\dfrac{x^2}{3}$

j) $\dfrac{1}{2}\left(2x+\dfrac{1}{2}\right)^2-3\left(3x-\dfrac{1}{3}\right)^2-2\left(\dfrac{1}{2}x+1\right)\left(\dfrac{1}{2}x-1\right)-(x-2)^3+\dfrac{1}{2}\left(x-\dfrac{1}{2}\right)\left(x+\dfrac{1}{2}\right)$

164. Observe o exemplo e resolva os demais seguindo o modelo:

a) $a^3+3a^2b+3ab^2+b^3=(a)^3+3(a)^2.(b)+3(a).(b)^2+(b)^3=(a+b)^3$

b) m^3+3m^2+3m+1

c) $a^3+6a^2+12a+8$

d) $q^3+6q^2+12q+8$

e) $8x^3 + 12x^2 + 6x + 1$

f) $1 + 6xy + 12x^2y^2 + 8x^3y^3$

g) $1 + 9x + 27x^2 + 27x^3$

h) $m^3 + 3m^2n + 3mn^2 + n^3$

i) $8m^3 + 12m^2 + 6m + 1$

j) $27m^3 + 27m^2 + 9m + 1$

6º caso : Cubo da Diferença de dois termos

$(a-b)^3 =$

165. Desenvolva

a) $(x-y)^3$

b) $(x-2)^3$

c) $(a-3)^3$

d) $(y-1)^3$

e) $(x-2y)^3$

f) $(-2y+1)^3$

g) $(-1+3x)^3$

h) $(a-2b)^3$

i) $(x-4)^3$

j) $(x-5)^3$

166. Desenvolva aplicando produtos notáveis

a) $(m-n)^3$

b) $(2m-3n)^3$

c) $(y-7)^3$

d) $(-2y-x)^3$

e) $(3x-2y)^3$

f) $(4x-1)^3$

g) $(-3a+2b)^3$

h) $(7-y)^3$

i) $(2-y)^3$

j) $(a-4b)^3$

167. Desenvolva aplicando produtos notáveis

a) $(x^2-1)^3$

b) $(y^2-2)^3$

c) $(a^3-3)^3$

f) $(y^2-2x)^3$

g) $(a^3-b^3)^3$

h) $(2a^2-2b^2)^3$

d) $(x-y^2)^3$

i) $(x^2y-1)^3$

e) $(3x^2-1)^3$

j) $(x^3-1)^3$

168. Desenvolva aplicando produtos notáveis

a) $(x^3-2y^2)^3$

f) $(3y-2y^2)^3$

b) $(a^2-ab)^3$

g) $(5xy-2y^2)^3$

c) $(ab-a)^3$

h) $(a^2b-ab^2)^3$

d) $(2ab-3a)^3$

i) $(4x^3y^2-2y^3)^3$

e) $(a^3-a^2)^3$

j) $(a^3-3)^3$

169. Desenvolva aplicando produtos notáveis

a) $\left(x-\dfrac{1}{2}\right)^3$

f) $\left(2x-\dfrac{1}{2}\right)^3$

b) $\left(\dfrac{1}{3}-y\right)^3$

g) $\left(\dfrac{2}{3}-y\right)^3$

c) $\left(x-\dfrac{1}{5}\right)^3$

h) $\left(2y-\dfrac{1}{2}\right)^3$

d) $\left(a-\dfrac{2}{3}\right)^3$

i) $\left(y-\dfrac{1}{4}\right)^3$

e) $\left(\dfrac{1}{3}-b\right)^3$

j) $\left(y-\dfrac{1}{3}\right)^3$

170. Desenvolva aplicando produtos notáveis

a) $(3x^2 - 2x)^3$

b) $\left(\dfrac{1}{3}a^2 - 3b^2\right)^3$

c) $\left(\dfrac{1}{3}a^2 - \dfrac{3}{2}b^2\right)^3$

d) $(4a - 5ab)^3$

e) $\left(\dfrac{1}{2}x^2 - 2y^2\right)^3$

f) $\left(\dfrac{3}{2}x - \dfrac{2}{3}y\right)^3$

g) $\left(2a^2b^3 - \dfrac{1}{2}\right)^3$

h) $(3a^2b - 2ab^2)^3$

i) $(4b^3 - 1)^3$

j) $\left(\dfrac{1}{5}a - 5b\right)^3$

171. Desenvolva aplicando produtos notáveis

a) $(1 - 3xy^2)^3$

b) $(5ay^2 - 1)^3$

c) $\left(3a^4b^3 - \dfrac{1}{3}ab^2\right)^3$

d) $(2a^2 - 6y^2)^3$

e) $(2c^3 - 3d^2)^3$

f) $\left(\dfrac{1}{2} - z^3\right)^3$

g) $(ab^2 - 3)^3$

h) $\left(3a^2b - \dfrac{1}{3}ab^2\right)^3$

i) $(x^4 - 1)^3$

j) $(-3ab^2 + a^3)^3$

172. Observe o exemplo e resolva os demais seguindo o modelo:

a) $a^3 - 3a^2b + 3ab^2 - b^3 = (a)^3 - 3(a)^2 \cdot (b) + 3(a) \cdot (b)^2 - (b)^3 = (a - b)^3$

b) $x^3 - 3x^2y + 3xy^2 - y^3$

c) $m^3 - 3m^2n + 3mn^2 - n^3$

d) $8x^3 - 12x^2 + 6x - 1$

e) $1 - 9m + 27m^2 - 27m^3$

f) $8a^2 - 12a^2b + 6ab^2 - b^3$

g) $y^3 - 3x^2y + 3xy^2 - x^3$

h) $27a^3 - 54a^2b + 36ab^2 - 8b^3$

173. Aplique produtos notáveis e calcule

a) $(x-3)(x-2)-(x-1)^3+(x+2)(x-2)+3$

b) $(x-2)^3+3x(x+2)(x-1)-(x-4)^2-2(x+3)$

c) $(a+b)(a-b)+(a+b)^3-(a-b)^3-(a+b)^2-(a-b)^2$

d) $2x\left(x-\dfrac{1}{2}\right)^2-\dfrac{1}{3}\left(x-\dfrac{1}{3}\right)^3+(x^2-1)(x^2+1)-x^3(x+2)$

e) $-x\left[\dfrac{3}{2}\left(\dfrac{1}{3}x-1\right)^2-\dfrac{3}{5}\right]-\dfrac{3}{4}\left(x-\dfrac{1}{3}\right)^2-\left(\dfrac{x}{2}+1\right)\left(\dfrac{x}{2}-1\right)$

f) $(x-2)(x-3)+(x+3)^2-(x+2)^2-(x-6)(x+1)-(x-3)^3$

g) $\dfrac{1}{3}\left[4x^2-\left(\dfrac{1}{3}-x\right)^3-(2x+1)(2x-1)-4\right]-(x+2)(x-2)+\dfrac{1}{81}$

h) $(x-1)^2 - (x+2)^2 - (x-1)(x+2) - (x-1)(x+1) - (x-1)^3$

i) $\left(\dfrac{1}{3}x - 3y\right)^3 - \left(\dfrac{1}{3}x - 3y\right)^2 - \left(\dfrac{1}{3}x - 3y\right)\left(\dfrac{1}{3}x + 3y\right) + (3y)^3 - \left(\dfrac{x}{3}\right)^3$

j) $(a-2b)^2 - (a^2 + 2ab)^2 - (a+b)(a-b) - (a-2b)^3 + 4ab(ab + 1 + 3b)$

7º caso : Soma de Cubos

$(a+b)(a^2 - ab + b^2) =$

174. Desenvolva

a) $(x+2)(x^2 - 2x + 4)$

b) $(x+1)(x^2 - x + 1)$

c) $(x+a)(x^2 - ax + a^2)$

d) $(x+5)(x^2 - 5x + 25)$

e) $(x+6)(x^2 - 6x + 36)$

f) $(x+4)(x^2 - 4x + 16)$

g) $(x+8)(x^2 - 8x + 64)$

h) $(x+10)(x^2 - 10x + 100)$

i) $(x+3)(x^2 - 3x + 9)$

j) $(m+a)(m^2 - ax + a^2)$

175. Calcule utilizando produtos notáveis

a) $(m+3)(m^2 - 3m + 9)$

b) $(5+x)(x^2 - 5x + 25)$

c) $(2+m)(m^2 - 2m + 4)$

d) $(9+a)(a^2 - 9a + 81)$

e) $(x+11)(x^2 - 11x + 121)$

f) $(4+x)(x^2 - 4x + 16)$

g) $(12+x)(x^2 - 12x + 144)$

h) $(m+x)(m^2 - mx + x^2)$

i) $(6+a)(36 - 6a + a^2)$

j) $(7+x)(x^2 - 7x + 49)$

176. Desenvolva

a) $(2x+3)(4x^2 - 6x + 9)$

b) $(3x+2)(9x^2 - 6x + 4)$

c) $(4x+1)(16x^2 - 4x + 1)$

d) $(5m+3)(25m^2 - 15m + 9)$

e) $(2+4x)(16x^2 - 8x + 4)$

f) $(5+2x)(4x^2 - 10x + 25)$

g) $(5x+4)(25x^2 - 20x + 16)$

h) $(2+8m)(64m^2 - 16m + 4)$

i) $(5a+3)(25m^2 - 15m + 9)$

j) $(3m+1)(9m^2 - 3m + 1)$

177. Desenvolva

a) $(2x+6)(4x^2 - 12x + 36)$

b) $(3+6x)(36x^2 - 18x + 9)$

c) $(4+7m)(49m^2 - 28m + 16)$

d) $(2m+4)(4m^2 - 8m + 16)$

e) $(5m+1)(25m^2 - 5m + 1)$

f) $(x+7a)(x^2 - 7ax + 49a^2)$

g) $(2x+7)(4x^2 - 14x + 49)$

h) $(5x+m)(25x^2 - 5xm + m^2)$

i) $(3m+4)(9m^2 - 12m + 16)$

j) $(4m+3)(16m^2 - 12m + 9)$

178. Desenvolva

a) $\left(x+\dfrac{1}{5}\right)\left(x^2-\dfrac{x}{5}+\dfrac{1}{25}\right)$

b) $\left(x+\dfrac{2}{3}\right)\left(x^2-\dfrac{2}{3}x+\dfrac{4}{9}\right)$

c) $\left(x+\dfrac{1}{2}\right)\left(x^2-\dfrac{x}{2}+\dfrac{1}{4}\right)$

d) $\left(x+\dfrac{3}{5}\right)\left(x^2-\dfrac{3x}{5}+\dfrac{9}{25}\right)$

e) $\left(m+\dfrac{1}{7}\right)\left(m^2-\dfrac{m}{7}+\dfrac{1}{49}\right)$

f) $\left(\dfrac{2}{5}+a\right)\left(a^2-\dfrac{2a}{5}+\dfrac{4}{25}\right)$

g) $\left(\dfrac{3}{7}+m\right)\left(m^2-\dfrac{3m}{7}+\dfrac{9}{49}\right)$

h) $\left(x+\dfrac{1}{y}\right)\left(x^2-\dfrac{x}{y}+\dfrac{1}{y^2}\right)$

i) $\left(x+\dfrac{2}{m}\right)\left(x^2-\dfrac{2x}{m}+\dfrac{4}{m^2}\right)$

j) $\left(b+\dfrac{2}{7}\right)\left(b^2-\dfrac{2b}{7}+\dfrac{4}{49}\right)$

179. Desenvolva

a) $\left(3x+\dfrac{1}{5}\right)\left(9x^2-\dfrac{3x}{5}+\dfrac{1}{25}\right)$

b) $\left(2x+\dfrac{1}{4}\right)\left(4x^2-\dfrac{1}{2}x+\dfrac{1}{16}\right)$

c) $\left(5x+\dfrac{1}{3}\right)\left(25x^2-\dfrac{5x}{3}+\dfrac{1}{9}\right)$

d) $\left(5+\dfrac{x}{2}\right)\left(\dfrac{x^2}{4}-\dfrac{5x}{2}+25\right)$

e) $\left(3+\dfrac{x}{3}\right)\left(\dfrac{x^2}{9}-x+9\right)$

f) $\left(2x+\dfrac{1}{5}\right)\left(4x^2-\dfrac{2x}{5}+\dfrac{1}{25}\right)$

g) $\left(3x+\dfrac{3}{x}\right)\left(9x^2-9+\dfrac{9}{x^2}\right)$

h) $\left(\dfrac{2x}{3}+\dfrac{y}{5}\right)\left(\dfrac{4x^2}{9}-\dfrac{2xy}{15}+\dfrac{y^2}{25}\right)$

i) $\left(\dfrac{2x}{5}+\dfrac{3}{y}\right)\left(\dfrac{4x^2}{25}-\dfrac{6x}{5y}+\dfrac{9}{y^2}\right)$

j) $\left(\dfrac{1}{x}+4y\right)\left(\dfrac{1}{x^2}-\dfrac{4y}{x}+16y^2\right)$

180. Desenvolva

a) $(2x^2+3)(4x^4-6x^2+9)$

b) $(5x^2+2)(25x^4-10x+4)$

c) $(x^2+5)(x^4-5x^2+25)$

d) $(2x^3+3x)(4x^6-6x^4+9x^2)$

e) $(4x^2+5)(16x^4-20x^2+25)$

f) $(3+4x^5)(16x^{10}-12x^5+9)$

g) $(2x+3y^2)(9y^4-6xy^2+4x^2)$

h) $(4x+5y^3)(25y^6-20xy^3+16x^2)$

i) $(2x^2+3y^5)(9y^{10}-6x^2y^5+4x^4)$

j) $(x^3+2y^2)(4y^4-2x^3y^2+x^6)$

181. Desenvolva

a) $\left(2x^2 + \dfrac{3}{x}\right)\left(4x^4 - 6x + \dfrac{9}{x^2}\right)$

b) $\left(5x + \dfrac{1}{x^2}\right)\left(25x^2 - \dfrac{5}{x} + \dfrac{1}{x^4}\right)$

c) $\left(4x^3 + \dfrac{4}{x^3}\right)\left(16x^6 - 16 + \dfrac{16}{x^6}\right)$

d) $\left(2x + \dfrac{5}{x^2}\right)\left(4x^2 - \dfrac{10}{x} + \dfrac{25}{x^4}\right)$

e) $\left(\dfrac{3x}{2} + \dfrac{1}{x^5}\right)\left(\dfrac{9x^2}{4} - \dfrac{3}{2x^4} + \dfrac{1}{x^{10}}\right)$

f) $\left(2x^2 + \dfrac{3}{4x}\right)\left(4x^4 - \dfrac{3x}{2} + \dfrac{9}{16x^2}\right)$

g) $\left(2x + \dfrac{3}{y^2}\right)\left(4x^2 - \dfrac{6x}{y^2} + \dfrac{9}{y^4}\right)$

h) $\left(x^2 + \dfrac{2}{5}\right)\left(x^4 - \dfrac{2x^2}{5} + \dfrac{4}{25}\right)$

i) $\left(3x^3 + \dfrac{5}{y}\right)\left(9x^6 - \dfrac{15x^3}{y} + \dfrac{25}{y^2}\right)$

j) $\left(4x^2 + \dfrac{2}{y}\right)\left(16x^4 - \dfrac{8x^2}{y} + \dfrac{4}{y^2}\right)$

182. Aplique produtos notáveis

a) $\left(\dfrac{2m}{3} + \dfrac{1}{a^2}\right)\left(\dfrac{4m^2}{9} - \dfrac{2m}{3} + \dfrac{1}{a^4}\right)$

b) $\left(2x^2 + \dfrac{4}{x^3}\right)\left(4x^4 - \dfrac{8}{x} + \dfrac{16}{x^6}\right)$

c) $\left(5x^2 + \dfrac{2x}{5}\right)\left(25x^4 - 2x^3 + \dfrac{4x^2}{25}\right)$

d) $(2x^2 + 1)(4x^2 - 2x^2 + 1)$

e) $\left(4x^2 + \dfrac{3y}{2}\right)\left(16x^4 - 6x^2 y + \dfrac{9y^2}{4}\right)$

f) $\left(\dfrac{3x^3}{2} + \dfrac{a}{3}\right)\left(\dfrac{9x^6}{4} - \dfrac{ax^3}{2} + \dfrac{a^2}{9}\right)$

g) $\left(\dfrac{2x^5}{5} + 5y^2\right)\left(\dfrac{4x^4}{25} - 2x^2 y^2 + 25y^4\right)$

h) $\left(2x + \dfrac{3}{y^2}\right)\left(4x^2 - \dfrac{6x}{y^2} + \dfrac{9}{y^4}\right)$

i) $\left(2m^2 + \dfrac{4y^2}{5}\right)\left(4m^4 - \dfrac{8m^2 y^2}{5} + \dfrac{16y^4}{25}\right)$

j) $\left(\dfrac{3x^3}{2} + \dfrac{2y^2}{3}\right)\left(\dfrac{9x^6}{4} - x^3 y^2 + \dfrac{4y^4}{9}\right)$

183. Observe o exemplo e resolva os demais seguindo o modelo

a) $x^3 + 8 = x^3 + 2^3 = (x+2)\left[(x)^2 - 2.x + (2)^2\right] = (x+2)(x^2 - 2x + 4)$

b) $x^3 + 1$

c) $x^3 + 27$

d) $64 + a^3$

e) $8a^3 + 1$

f) $1 + 64m^3$

g) $8 + 27x^3$

h) $8 + 64x^3$

i) $8x^3 + 125$

j) $a^3 + x^3$

184. Observe o exemplo e resolva os demais seguindo o modelo

a) $8x^3 + 64 = (2x)^3 + 4^3 = (2x+4)\left[(2x)^2 - 2x.4 + (4)^2\right] = (2x+4)(4x^2 - 8x + 16)$

b) $a^3 + 8$

c) $27 + 64a^3$

d) $125 + x^3$

e) $8x^3 + 27$

f) $27a^3 + 64b^3$

g) $27x^3 + 1$

h) $125a^3 + m^3$

i) $64x^3 + 8$

j) $8x^3 + 27a^3$

185. Simplifique as expressões utilizando produtos notáveis

a) $3(x+1)^3 + 2(x-1)(x+3) - 5(x+3)(x^2 - 3x + 9) - 3(x-2)(x^2 + 2x + 4)$

b) $(x-1)(x^2 + x + 1) - 5(x+2)^2 - 4(2x-1)^2 + (x+2)(x-5) + 6$

c) $2(x+2)^2 - 3(2x+1)(2x-1) - 7(x+5)(x^2 - 5x + 25) - 3(x-1)^3$

d) $4(2x-4)(2x+4) - 6(x-3)(x^2 + 3x + 9) - 6(x+2)(x+7)$

e) $-8(3x+2)^2 - 5(4x+1)(16x^2 - 4x+1) + 3(2x+5)^3 + (x-2)(x+2)$

f) $-\dfrac{3}{5}(5x+3)^3 + 4x(2x+1)^3 - (x+6)(x-6) + (x-5)(x+5) + \dfrac{81}{5}$

g) $10\left(2+\dfrac{x}{3}\right)\left(2-\dfrac{x}{3}\right) + \dfrac{3}{2}\left(2x+\dfrac{1}{3}\right)^2 - \dfrac{5}{3}(3x+6)^2 - \dfrac{5}{2}\left(2x+\dfrac{1}{3}\right)\left(2x+\dfrac{1}{3}\right)$

h) $\dfrac{1}{3}(2x+3)(4x^2-6x+9)+\dfrac{4}{5}(x^3-8)-\dfrac{3}{2}(x-1)^2-\dfrac{3}{2}(x-1)^2+6(x-2)(x+5)-\dfrac{52x^3}{15}+\dfrac{32}{5}$

i) $2\left(3x+\dfrac{1}{2}\right)^2-\left(2x+\dfrac{1}{5}\right)\left(2x-\dfrac{1}{5}\right)-5\left(3x+\dfrac{1}{5}\right)^3+\dfrac{2}{3}\left(4x+\dfrac{1}{2}\right)^2-4\left(\dfrac{1}{2}+3x\right)^2-\dfrac{2x}{3}(x+1)$

j) $\dfrac{4}{5}\left(3x+\dfrac{1}{3}\right)^2+\dfrac{1}{5}\left(2x+\dfrac{1}{3}\right)\left(4x^2-\dfrac{2x}{3}+\dfrac{1}{9}\right)-\dfrac{4}{3}\left(2x-\dfrac{1}{2}\right)\left(4x^2+x+\dfrac{1}{4}\right)+\dfrac{2x^3}{3}$

186. Simplifique as expressões o máximo possível utilizando produtos notáveis

a) $(2x+5)(4x^2-10x+25)-(3x+2)^3+5(2x+6)(2x-6)+(x-8)(x+6)$

b) $(5x+2)(25x^2-10x+4)+(3x-5)^2-(3x+5)^2$

c) $2(4x-3)^3-5(2x+1)^3+2(3x+5)(3x-5)+2x(x+3)$

d) $\left(x+\dfrac{1}{3}\right)^2+\left(2x+\dfrac{1}{2}\right)^3-3x\left(2x+\dfrac{1}{x}\right)\left(4x^2-2x+\dfrac{1}{x^2}\right)-3x^2(2x+6)(2x-6)-\dfrac{1}{9}$

e) $(2x-6)^2 - 5\left(3x+\dfrac{1}{5}\right)^2 - \dfrac{1}{8} + \left(3x+\dfrac{1}{2}\right)\left(9x^2 - \dfrac{3x}{2} + \dfrac{1}{4}\right) - 3(2x+5)^3 - 4x + \dfrac{1}{5}$

f) $-4(2x-x^2)(4x^2+2x^3+x^4) - (5x+6)(5x-6) + 6(2x-1)^3 + 4x(3x+6)^3$

g) $\dfrac{3}{2}\left(2x+\dfrac{1}{5}\right)\left(2x-\dfrac{1}{5}\right) + \dfrac{3}{50} - \dfrac{1}{4}\left(2x-\dfrac{5}{3}\right)\left(4x^2+\dfrac{10x}{3}+\dfrac{25}{9}\right) + \dfrac{3}{2}\left(2x+\dfrac{1}{3}\right)^2 - 6\left(3x+\dfrac{1}{4}\right)^2 - \dfrac{125}{108}$

h) $\dfrac{4}{5}\left(\dfrac{2x}{3}+\dfrac{3}{2}\right)\left(\dfrac{4x^2}{9}-x+\dfrac{9}{4}\right)-\dfrac{32x^3}{135}-6\left(2x+\dfrac{1}{3}\right)^2+\dfrac{3}{2}\left(\dfrac{2x}{3}+\dfrac{1}{2}\right)^3-5x\left(x+\dfrac{1}{3}\right)-\dfrac{27}{10}$

i) $3\left(2x+\dfrac{1}{3}\right)^3+\dfrac{1}{2}\left(2x+\dfrac{1}{2}\right)^2-5\left(\dfrac{1}{3}-x\right)\left(\dfrac{1}{9}+\dfrac{x}{3}+x^2\right)$

8º caso : Diferença de Cubos

$(a-b)(a^2+ab+b^2)=$

187. Desenvolva

a) $(x-a)(x^2+2ax+a^2)$

b) $(x-2)(x^2+2x+4)$

c) $(x-3)(x^2+3x+9)$

d) $(x-5)(x^2+5x+25)$

e) $(m-a)(m^2+ma+a^2)$

f) $(m-1)(m^2+m+1)$

g) $(x-6)(x^2+6x+36)$

h) $(m-4)(m^2+4m+16)$

i) $(m-9)(m^2+9m+81)$

j) $(a-7)(a^2+7a+49)$

188. Calcule utilizando produtos notáveis

a) $(x-8)(x^2+8x+64)$

b) $(2-x)(x^2+2x+4)$

c) $(3-a)(a^2+3a+9)$

d) $(5-x)(25+5x+25)$

e) $(1-m)(m^2+m+1)$

f) $(m-10)(m^2+10m+100)$

g) $(4-a)(a^2+4a+16)$

h) $(12-x)(x^2+12x+144)$

i) $(x-11)(x^2+11x+121)$

j) $(7-m)(m^2+7m+49)$

189. Desenvolva

a) $(2x^2-1)(4x^4+2x^2+1)$

b) $(3x-1)(9x^2+6x+1)$

c) $(2x-2)(4x^2+4x+4)$

d) $(2a-x)(4a^2+2ax+x^2)$

e) $(3a-2x)(9a^2+6ax+4x^2)$

f) $(5-2x)(25+10x+4x^2)$

g) $(4x-3)(9+12x+16x^2)$

h) $(1-2x)(4x^2+2x+1)$

i) $(3-2a)(9+6a+4a^2)$

j) $(5-2m)(4m^2+10m+25)$

190. Desenvolva

a) $(3-4x)(16x^2+12x+9)$

b) $(2x-5)(4x^2+10x+25)$

c) $(3x-4)(9x^2+12x+16)$

d) $(4x-2)(16x^2+8x+4)$

e) $(4x-5)(16x^2+20x+25)$

f) $(2-5x)(25x^2+10x+4)$

g) $(2x-3y)(4x^2+6xy+9y^2)$

h) $(6-5m)(25m^2+30m+36)$

i) $(1-6m)(36m^2+6m+1)$

j) $(4-2a)(4a^2+8a+16)$

191. Desenvolva

a) $\left(x-\dfrac{1}{2}\right)\left(x^2+\dfrac{x}{2}+\dfrac{1}{4}\right)$

b) $\left(x-\dfrac{1}{3}\right)\left(x^2+\dfrac{1}{3}x+\dfrac{1}{9}\right)$

c) $\left(x-\dfrac{2}{3}\right)\left(x^2+\dfrac{2x}{3}+\dfrac{4}{9}\right)$

d) $\left(a-\dfrac{4}{5}\right)\left(a^2+\dfrac{4a}{5}+\dfrac{16}{25}\right)$

f) $\left(\dfrac{1}{x}-2x\right)\left(4x^2+2+\dfrac{1}{x}\right)$

g) $\left(\dfrac{1}{3}-3a\right)\left(9a^2+a+\dfrac{1}{9}\right)$

h) $\left(\dfrac{4}{3}-3x\right)\left(9x^2+4x+\dfrac{16}{9}\right)$

i) $\left(\dfrac{2x}{3}-\dfrac{3a}{2}\right)\left(\dfrac{4x^2}{9}+ax+\dfrac{9a^2}{4}\right)$

e) $\left(m - \dfrac{3}{4}\right)\left(m^2 + \dfrac{3m}{4} + \dfrac{9}{16}\right)$

j) $\left(\dfrac{1}{x} - 4a\right)\left(\dfrac{1}{x^2} + \dfrac{4a}{x} + 16a^2\right)$

192. Desenvolva

a) $(x^2 - 2)(x^4 + 2x^2 + 4)$

b) $(x^2 - 3)(x^4 + 3x^2 + 9)$

c) $(x^2 - 5)(x^4 + 5x^2 + 25)$

d) $\left(x^2 - \dfrac{1}{2}\right)\left(x^4 + \dfrac{x^2}{2} + \dfrac{1}{4}\right)$

e) $\left(2x^2 - \dfrac{3}{x}\right)\left(4x^4 + 6x + \dfrac{9}{x^2}\right)$

f) $(-2x^2 + 3)(4x^4 + 6x^2 + 9)$

g) $(-x^2 + 5)(x^4 + 5x^2 + 25)$

h) $\left(-2x + \dfrac{3}{y^2}\right)\left(4x^2 + \dfrac{6x}{y^2} + \dfrac{9}{y^4}\right)$

193. Desenvolva

a) $(3x - 2x^2)(9x^2 + 6x^3 + 4x^4)$

b) $(x^2 + 8)(x^4 + 8x^2 + 64)$

c) $\left(4x^2 - \dfrac{2}{y}\right)\left(16x^4 + \dfrac{8x^2}{y} + \dfrac{4}{y^2}\right)$

d) $(2x^2 - 1)(4x^4 + 2x^2 + 1)$

e) $(x^2 - 3y)(x^4 + 3x^2y + 9y^2)$

f) $(x^2 - 2y^2)(x^4 + 2x^2y^2 + 4y^4)$

g) $(2x - 3b^2)(4x^2 + 6xb^2 + 9b^4)$

h) $(a^2 - b^3)(a^4 + a^2b^3 + b^6)$

i) $(m^2 - 3n)(m^4 + 3m^2n + 9n^2)$

j) $(2m^2 - 4n)(4m^4 + 8m^2n + 16n^2)$

194. Desenvolva

a) $\left(2x^2 - \dfrac{1}{y}\right)\left(4x^4 + \dfrac{2x^2}{y} + \dfrac{1}{y^2}\right)$

b) $\left(3a^2 - \dfrac{5m}{2}\right)\left(9a^4 + \dfrac{16a^2m}{2} + \dfrac{25m^2}{4}\right)$

c) $\left(m^2 - \dfrac{3a}{5}\right)\left(m^4 + \dfrac{3m^2}{5} + \dfrac{9a^2}{25}\right)$

d) $\left(4x^2 - \dfrac{3y}{2}\right)\left(16x^4 - 6x^2y + \dfrac{9y^2}{4}\right)$

f) $\left(3m^2 - \dfrac{a}{3}\right)\left(9m^4 + m^2a + \dfrac{a^2}{9}\right)$

g) $\left(2m^2 - \dfrac{3n}{4}\right)\left(4m^4 + \dfrac{3m^2n}{2} + \dfrac{9n^2}{16}\right)$

h) $\left(\dfrac{2x}{3} - \dfrac{4y^2}{5}\right)\left(\dfrac{4x^2}{9} + \dfrac{8xy^2}{16} + \dfrac{16y^4}{25}\right)$

i) $\left(\dfrac{3x^3}{2} - \dfrac{2y^2}{3}\right)\left(\dfrac{9x^6}{4} + x^3y^2 + \dfrac{4y^4}{9}\right)$

e) $\left(4x^2 - \dfrac{5y^3}{2}\right)\left(16x^4 + 10x^2y^3 + \dfrac{25y^6}{4}\right)$ j) $\left(4x^2 - \dfrac{5y^3}{2}\right)\left(16x^4 + 10x^2y^3 + \dfrac{25y^6}{4}\right)$

195. Observe o exemplo e resolva os demais seguindo o exemplo

a) $x^3 - 8 = (x)^3 - 2^3 = (x-2)\left[(x)^2 + x.2 + (2)^2\right] = (x-2)(x^2 + 2x + 4)$

b) $x^3 - a^3$

c) $x^3 - y^3$

d) $x^3 - 1$

e) $x^3 - 27$

f) $8 - x^3$

g) $8x^3 - 1$

h) $27 - 8x^3$

i) $64 - x^3$

j) $8x^3 - 64$

196. Observe o exemplo e resolva os demais seguindo o exemplo

a) $8x^3 - 27 = (2x)^3 - 3^3 = (2x-3)\left[(2x)^2 + 2x.3 + 3^2\right] = (2x-3)(4x^2 + 6x + 9)$

b) $x^3 - 64$

c) $64 - a^3$

d) $8 - 27m^3$

e) $m^3 - 27$

f) $a^3 - 125$

g) $125 - x^3$

h) $125 - 8x^3$

i) $x^3 - a^3$

j) $8x^3 - 27b^3$

197. Simplifique as expressões o máximo possível utilizando produtos notáveis

a) $2(x-1)(x+1) - 5(x-2)(x-5) + 3(x-1)(x^2 + x + 1) - 3(x-2)^2$

b) $(x-3)(x^2 + 3x + 9) - 3(2x+1)^2 + 5(x-5)(x+5) + 7(x-3)^3$

c) $2(x-1)^3 + 3(x+1)^2 - 5(2x+3)^3 - 4(x-7)(x^2+7x+49)$

d) $3(2x-1)(2x+1) - 3(4x-1)^3 + (x-1)^3 + (x-3x^2)(x^2+3x^3+9x^4)$

e) $2(3x-a)^2 + 4(a-2)^3 - 5(a+x)^2 + 5(x+a)(x^2-ax+a^2) - 3(x+2)^3$

f) $27\left(2x-\dfrac{1}{3}\right)^2 - 3(2x+1)^3 - 8\left(4x-\dfrac{1}{2}\right)^3 + (2x-1)(4x^2+2x+1)$

g) $10\left(x-\dfrac{1}{2}\right)\left(x+\dfrac{1}{5}\right)+\dfrac{9}{25}\left(2x-\dfrac{5}{3}\right)\left(4x^2+\dfrac{10x}{3}+\dfrac{25}{9}\right)+\dfrac{5}{2}\left(2x+\dfrac{1}{5}\right)^2-3\left(x-\dfrac{2}{9}\right)$

h) $4(5m-2)^2-3\left(4m-\dfrac{1}{3}\right)^3+\dfrac{4}{9}\left(3m-\dfrac{1}{2}\right)\left(3m+\dfrac{1}{2}\right)-\dfrac{3}{4}\left(2m-\dfrac{1}{3}\right)\left(2m+\dfrac{1}{3}\right)$

i) $2(x-1)^2+3(x+2)^2-5(x-1)(x+1)+6(2x-1)^3+5(3x+1)^3+6(x-2)(x+5)$

198. Simplifique as expressões o máximo possível utilizando produtos notáveis

a) $(2x+3)^3 - (x+1)^2 + 3(2x+1)(x-2) - 4(x-2)(x^2+2x+4)$

b) $(3x+2)^2 - 4(x-5)(x^2+5x+25) - 2(x+1)^3 - 3(x+2)(x-5)$

c) $4\left(2x+\dfrac{1}{2}\right)^2 - 15\left(3x+\dfrac{1}{3}\right)\left(9x^2+x+\dfrac{1}{9}\right) - 4\left(x-\dfrac{1}{2}\right)\left(x-\dfrac{1}{2}\right) + (x-5)(x+3)$

d) $3\left(4x-\dfrac{1}{3}\right)^3 + 4\left(2x-\dfrac{1}{4}\right)^2 - \left(\dfrac{3x}{2}-\dfrac{1}{3}\right)\left(\dfrac{3x}{2}+\dfrac{1}{3}\right) - 5\left(x-\dfrac{1}{2}\right)(x+5)$

e) $4(2x+1)^2 - 3(x-2)(x^2+2x+4) - (x-1)^3 + (2x-5)(4x^2+10x+25)$

f) $-5(x+2)^2 + 8(x-5)^3 + 3(2x+6)(4x^2+12x+36) - 4(x-8)(x+10)$

g) $\dfrac{5}{2}\left(2x+\dfrac{1}{5}\right)\left(2x-\dfrac{1}{5}\right) - 3\left(\dfrac{-1}{3}+x\right)\left(x+\dfrac{1}{3}\right) + 9\left(2x+\dfrac{1}{3}\right)\left(4x^2-\dfrac{2x}{3}+\dfrac{1}{9}\right)$

9º caso : Quadrado da soma de três termos

$(a+b+c)^2 =$

199. Desenvolva

a) $(a+b+2)^2$

b) $(9+b+x)^2$

c) $(5+x+y)^2$

d) $(7+m+a)^2$

e) $(1+m+a)^2$

f) $(12+b+c)^2$

g) $(x+3+y)^2$

h $(6+m+x)^2$

i) $(a+4+x)^2$

j) $(8+x+a)^2$

200. Desenvolva

a) $(2+a+b)^2$

b) $(-5-m-z)^2$

c) $(x-2+y)^2$

d) $(3-x+a)^2$

e) $(3-m+b)^2$

f) $(-x+3-a)^2$

g) $(4+m-z)^2$

h) $(-x+y-z)^2$

i) $(a+4+x)^2$

j) $(8+x+a)^2$

201. Desenvolva

a) $(2x+y+z)^2$

b) $(3x+y-2)^2$

c) $(3x+2y+z)^2$

d) $(-4-2x-y)^2$

e) $(5-3a+2b)^2$

f) $(-2-3x+y)^2$

g) $(2m+6-3x)^2$

h) $(-1+3x-2y)^2$

i) $(5x+1-2y)^2$

j) $(2m+3n+5p)^2$

202. Desenvolva

a) $(2t-a+3b)^2$

b) $(4+7m-5n)^2$

c) $(5m+3-6a)^2$

d) $(10-8m+3a)^2$

e) $(2-5t-8m)^2$

f) $(5-t+2m)^2$

g) $(-1-6x+7y)^2$

h) $(-3x-4z-2y)^2$

i) $(-4x+5y-3)^2$

j) $(-1+3z-5x)^2$

203. Desenvolva

a) $(2x+3y^2-1)^2$

b) $(2x^2-3y+4x)^2$

c) $(a^3+2ab-5)^2$

d) $(-3x^2-4y^2+xy^2)^2$

e) $(3a^2-5t+a)^2$

f) $(-3+ab-b^2)^2$

g) $(2mn-4m+n)^2$

h) $(-5b+3a+2a^2)^2$

i) $(a^2-3b+2ab)^2$

j) $(-1-3ab^2-5a)^2$

204. Desenvolva

a) $\left(-3+\dfrac{2x}{5}-y\right)^2$

b) $\left(6z-\dfrac{x}{2}+4m\right)^2$

c) $\left(\dfrac{x}{2}+\dfrac{1}{4}+y\right)^2$

d) $\left(\dfrac{2m}{3}+\dfrac{n}{2}+5\right)^2$

e) $\left(\dfrac{a}{3}-\dfrac{b}{2}+\dfrac{1}{6}\right)^2$

f) $\left(-\dfrac{1}{x}+3x-2\right)^2$

g) $\left(\dfrac{2x}{5}-\dfrac{3y}{2}+2z\right)^2$

h) $\left(\dfrac{3}{x^2}+4x-6y\right)^2$

i) $\left(3z+\dfrac{x}{3}-2y\right)^2$

j) $\left(2m-\dfrac{5n}{3}+\dfrac{1}{2}\right)^2$

Testes de Vestibular

T1. (UF–BA) O valor da expressão $\left(\dfrac{x^3-6x^2+9x}{x^2-9}\right)\left(\dfrac{x+3}{x}\right)$ para $x=99$, é:

a) 100 b) 99 c) 98 d) 97 e) 96

T2. (UF–MG) O valor da expressão $(y-1)(y+1)-(y-1)^2+2=9-7y$ pertence ao conjunto:

a) $\left\{\dfrac{7}{5}\right\}$ b) $\left\{\dfrac{11}{5},0\right\}$ c) $\{1,2\}$ d) $\{-1,9\}$ e) $\{0,3\}$

T3. (PUC–RJ) Qual a expressão que deve ser somada a x^2+6x+5 para que resulte o quadrado de $(x+3)$?

a) $3x$ b) $4x$ c) 3 d) 4 e) $3x+4x$

T4. (F.C.CHAGAS) A expressão $(x-y)^2-(x+y)^2$ é equivalente a:

a) 0 b) $2y^2$ c) $-2y^2$ d) $-4xy$ e) $-2(x+y)^2$

T5. (PUCCAMP) Considere as sentenças a seguir:

$I - (3x-2y)^2 = 9x^2 - 4y^2$

$II - (5x+3z)(y+3m) = 5xy + 15xm + 3zy + 9zm$

$III - (9x^3 - 7a^4)(9x^3 + 7a^4) = 81x^6 - 49a^8$

Dessas sentenças, somente:
a) I é verdadeira
b) II é verdadeira
c) III é verdadeira
d) I e II são verdadeiras
e) II e III são verdadeiras

T6. (ESPM) A expressão $(a+b+c)^2$ é igual a:

a) $a^2+2ab+b^2+c^2$
b) $a^2+b^2+c^2+2ab+2ac+2bc$
c) $a^2+b^2+c^2+2abc$
d) $a^2+b^2+c^2+4abc$
e) $a^2+2ab+b^2+2bc+c^2$

T7. (FATEC) A sentença verdadeira para quaisquer números reais a e b é:

a) $(a-b)^3 = a^3-b^3$

b) $(a+b)^2 = a^2+b^2$

c) $(a+b)(a-b) = a^2+b^2$

d) $(a-b)(a^2+ab+b^2) = a^3-b^3$

e) $(a+b)^3 = a^3-3a^2b+3ab^2-b^3$

T8. (FUVEST) O valor da expressão $\dfrac{a+b}{1-ab}$, para $a=\dfrac{1}{2}$ e $b=\dfrac{1}{3}$, é:

a) 5 b) 1 c) 0 d) 3 e) 6

T9. (SANTA CASA) $(2+\sqrt{3})^3+(2-\sqrt{3})^3$ é igual a:

a) 34 b) 52 c) $16+6\sqrt{3}$ d) $18+\sqrt{3}$ e) $34-\sqrt{3}$

T10. (FUVEST) $\dfrac{9}{7} - \dfrac{7}{9}$ é igual a:

a) −1 b) 1 c) $\dfrac{2}{63}$ d) $\dfrac{32}{63}$ e) 0

T11. (PUC–SP) O valor da expressão $\dfrac{1}{3} - \left(\dfrac{1}{10} \cdot \dfrac{4}{3}\right)$ é:

a) $\dfrac{1}{5}$ b) $\dfrac{14}{15}$ c) $\dfrac{4}{21}$ d) $\dfrac{1}{9}$ e) $\dfrac{7}{30}$

T12. (FUVEST) O valor da expressão $\dfrac{1-\left(\dfrac{1}{6}-\dfrac{1}{3}\right)}{\left(\dfrac{1}{6}+\dfrac{1}{2}\right)^2+\dfrac{3}{2}}$ é:

a) $\dfrac{1}{2}$ b) $\dfrac{3}{4}$ c) $\dfrac{7}{6}$ d) $\dfrac{3}{5}$ e) $-\dfrac{3}{5}$

T13. (FEI) O valor da expressão $(-2)+(-3) \cdot (-2)^{-1} : (-3)^1$ é:

a) $-\dfrac{5}{6}$ b) $\dfrac{5}{6}$ c) 1 d) $-\dfrac{5}{3}$ e) $-\dfrac{5}{2}$

T14. (UE–CE) O valor de $\dfrac{2^{-1}-(-2)^2+(-2)^{-1}}{2^2+2^{-2}}$ é:

a) $-\dfrac{15}{17}$ b) $-\dfrac{16}{17}$ c) $-\dfrac{15}{16}$ d) $-\dfrac{17}{16}$ e) −1

T15. (PUC–SP) O valor da expressão $\left[\dfrac{(-10)+5-(-4)}{\sqrt{9}+\sqrt[3]{-8}}\right]^3$ é:

a) 1 b) −1 c) 2 d) −2 e) 0

T16. (CESGRANRIO) O máximo divisor comum de 20 e 32 é:
a) 8 b) 5 c) 1 d) 2 e) 4

T17. (UF–SC) Sendo $A = 2, B = -1$ e $C = 3$, o valor numérico da expressão $\dfrac{A^2-2B}{3C}+\dfrac{A}{6}+3B$ é:

a) $-\dfrac{22}{9}$ b) $\dfrac{22}{9}$ c) −2 d) 2 e) 4

T18. (FUVEST) O valor da expressão $a^3 - 3a^2x^2y^2$, para $a=10, x=2$ e $y=1$, é:
a) 100 b) 50 c) 250 d) −150 e) −200

T19. (PUC–SP) A expressão $(2a+b)^2 - (a-b)^2$ é igual a:

a) $3a^2+2b^2$ b) $3a(a+2b)$ c) $4a^2+4ab+b^2$ d) $2ab(2a+b)$ e) $5a^2+2b^2-ab$

T20. (FATEC) Calculando o valor da expressão $\dfrac{\dfrac{2}{3}-\dfrac{1}{6}+\dfrac{1}{2}}{1+\dfrac{2}{5}-\dfrac{4}{3}}$ obtém-se o resultado:

a) $\dfrac{1}{15}$ b) 15 c) 0 d) $\dfrac{11}{8}$ e) $\dfrac{8}{11}$

T21. (UE–CE) Márcio e Maurício têm juntos $R\$\,8800,00$. Márcio gasta a terça parte do que possui e Maurício, a quinta parte. Se depois disto, ficarem com quantias iguais, então Márcio possuía:
a) $R\$\,4000,00$ b) $R\$\,4200,00$ c) $R\$\,4320,00$ d) $R\$\,4800,00$ e) $R\$\,5000,00$

T22. (FUVEST) Durante uma viagem choveu 5 vezes. A chuva caia pela manhã ou à tarde, nunca o dia todo. Houve 6 manhãs e 3 tardes sem chuva. Quantos dias durou a viagem?
a) 6 b) 7 c) 8 d) 9 e) 10

T23. (FUVEST) Seja P(x) um polinômio divisível por $x-3$. Dividindo P(x) por $x-1$ obtemos quociente q(x) e resto r(x) igual a 10. O resto da divisão de q(x) por $x-3$ é:
a) –5 b) –3 c) 0 d) 3 e) 5

T24. (FUVEST) Dividir um número por 0,0125 equivale a multiplicá-lo por:
a) $\dfrac{1}{125}$ b) $\dfrac{1}{8}$ c) 8 d) 12,5 e) 80

T25. (FUVEST) O produto de dois números inteiros positivos, que não são primos entre si, é igual a 825. Então o máximo divisor comum desses dois números é:
a) 1 b) 3 c) 5 d) 11 e) 15

T26. (FUVEST) Os números x e y são tais que $5 \le x \le 10$ e $20 \le y \le 30$. O maior valor possível para $\dfrac{x}{y}$ é
a) $\dfrac{1}{6}$ b) $\dfrac{1}{4}$ c) $\dfrac{1}{3}$ d) $\dfrac{1}{2}$ e) 1

T27. (VUNESP) Assinale a alternativa que contém a afirmação correta.
a) Para **a** e **b** reais, sendo $a \ne 0$, $\left(2a^{-1}\right)b = \dfrac{b}{2a}$.
b) Para quaisquer **a** e **b**, $a^2 \cdot b^3 = (ab)^6$.
c) Para quaisquer **a** e **b** reais, $5a + 4b = 9ab$.
d) Para quaisquer **a** e **b** reais, se $a^3 = b^3 \Rightarrow a = b$.
e) Para **a** e **b** reais, sendo a > 0 e b > 0, $\sqrt{a^2+b^2} = a+b$

T28. (VUNESP) Uma pessoa quer trocar duas células de 100 reais por cédulas de 5, 10 e 50 reais, recebendo cédulas de todos esses valores e o maior número possível de cédulas de 50 reais. Nessas condições, qual é o número mínimo de cédulas que ela poderá receber?
a) 8 b) 9 c) 10 d) 11 e) 12

T29. (VUNESP) Um determinado CD (compact disc) contém apenas três músicas gravadas. Segundo a ficha desse CD os tempos de duração das três gravações são, respectivamente, 16:42 (dezesseis minutos e quarenta e dois segundos), 13:34 e 21:50. O tempo total de gravação é:
a) 51:06 b) 51:26 c) 51:56 d) 52:06 e) 53:06

T30. (VUNESP) Duas empreiteiras farão conjuntamente a pavimentação de uma estrada, cada uma trabalhando a partir de uma das extremidades. Se uma delas pavimentar $\dfrac{2}{5}$ da estrada e a outra os 81 Km restantes, a extensão dessa estrada é de:
a) 125Km b) 135Km c) 142Km d) 145Km e) 160Km

T31. (SANTA CASA) Uma empresa entrevistou 300 de seus funcionários a respeito de três embalagens: A, B e C para o lançamento de um novo produto. O resultado foi o seguinte: 160 indicaram a embalagem A; 120 indicaram a embalagem B; 90 indicaram a embalagem C; 30 indicaram as embalagens A e B; 40 indicaram as embalagens A e C; 50 indicaram as embalagens B e C; e 10 indicaram as 3 embalagens. Dos funcionários entrevistados, quantos não tinham preferência por nenhuma das 3 embalagens?
a) os dados estão incorretos; é impossível calcular
b) mais de 60
c) 55
d) menos de 50
e) 80

T32. (PUC–SP) Assinale a afirmação verdadeira com relação aos conjuntos A e B:
a) $A \subset B \Rightarrow A \cup B = A$
b) $A \cap B = \varnothing \Rightarrow A \cup B = \varnothing$
c) $A \cap B = \varnothing \Rightarrow A = \varnothing$ ou $B = \varnothing$
d) $A \cup B = B \Rightarrow A = \varnothing$
e) $A \cap B = B \Rightarrow B \subset A$

T33. (UF–BA) Dados os conjuntos A = {a, b, c, d}, B = {c, d, e, f, g} e C = {b, d, e, g}, então:
I. A −(B ∩ C) = A
II. (A ∪ B) − (A ∩ C) = B
III. (A ∪ C) −B = A −B
Marque:
a) se todas as afirmativas são verdadeiras.
b) se apenas I e II forem verdadeiras.
c) se apenas I é verdadeira.
d) se apenas III é verdadeira.
e) se todas as afirmativas são falsas.

T34. (MACK) O valor de $\dfrac{0,2 \cdot 0,7 - 4 \cdot 0,01}{0,5 \cdot 0,2}$ é

a) 0,001   b) 0,01   c) 0,1   d) 1   e) 10

T35. (FUVEST) O valor da expressão $\dfrac{1-\left(\dfrac{1}{6}-\dfrac{1}{3}\right)}{\left(\dfrac{1}{6}+\dfrac{1}{3}\right)^2+\dfrac{3}{2}}$ é:

a) $\dfrac{1}{2}$ b) $\dfrac{2}{3}$ c) $\dfrac{4}{3}$ d) $\dfrac{3}{5}$ e) $-\dfrac{3}{5}$

T36. (CESGRANRIO) A intersecção do conjunto de todos os inteiros múltiplos de 6 com o conjunto de todos os inteiros múltiplos de 10 é o conjunto de todos os inteiros múltiplos de:
a) 3   b) 18   c) 30   d) 45   e) 90

T37. (CESGRANRIO) A representação decimal de $0,01^3$ é:
a) 0,03   b) 0,001   c) 0,0001   d) 0,000001   e) 0,0000001

T38. (CESGRANRIO) Se $a^2 = 99^6, b^3 = 99^7$ e $c^4 = 99^8$ então $(abc)^{12}$ vale:

a) 99^{12} b) $99^{\frac{21}{12}}$ c) 99^{88} d) 99^{28} e) 99^{99}

T39. (SANTA CASA) A diferença de $8^{0,666...} - 9^{0,5}$ é igual a:

a) 2   b) 1   c) $\sqrt{2} - 3$ d) -2   e) $-2\sqrt{2}$

T40. (F.C.CHAGAS) A expressão $(x-y)^2 - (x-y)^2$ é equivalente a:

a) 0   b) $2y^2$ c) $-2y^2$ d) $-4xy$ e) $-2(x+y)^2$

T41. (SANTA CASA) Se $\left(n+\dfrac{1}{n}\right)^2 = 3$, então $n^3 + \dfrac{1}{n^3}$ vale:

a) $\dfrac{10\sqrt{3}}{3}$ b) 0   c) $2\sqrt{3}$ d) $3\sqrt{3}$ e) $6\sqrt{3}$

T42. (OSEC–SP) Ao multiplicar dois números positivos, um dos quais é maior do que o outro em 36 unidades, o aluno cometeu um erro, diminuindo de 8 unidades o algarismo das dezenas do produto. Em seguida, com o objetivo de tirar a prova real da operação realizada, dividiu o produto pelo menor dos fatores e encontrou quociente 53 e resto 4. Assinale entre as escolhas abaixo aquela que representa o produto entre os dois números.
a) 1197   b) 1045   c) 1357   d) 1120   e) 1276

T43. (PUCCAMP) Seja x um número natural, que ao ser dividido por 9 deixa resto 5, e ao ser dividido por 3 deixa resto 2. Sabendo-se que a soma dos quocientes é 9, podemos afirmar que x é igual a:
a) 28   b) 35   c) 27   d) 33   e) 23

T44. (UF–MG) Pai e filho, com 100 fichas cada um, começaram um jogo. O pai passava 6 fichas ao filho a cada partida que perdia e recebia dele 4 fichas quando ganhava. Depois de 20 partidas, o número de fichas do filho era três vezes o do pai. Quantas partidas o filho ganhou?
a) 10 b) 11 c) 12 d) 13 e) 14

T45. (UFB) A negação de "Hoje é segunda-feira e amanhã não choverá" é:
a) Hoje não é segunda-feira e amanhã choverá.
b) Hoje não é segunda-feira ou amanhã choverá.
c) Hoje não é segunda-feira, então amanhã choverá.
d) Hoje não é segunda-feira nem amanhã choverá.
e) Hoje é segunda-feira ou amanhã não choverá.

T46. (UNESP) Suponhamos que uma equipe de 10 estudantes, 6 usam óculos e 8 usam relógio. O número de estudantes que usa, ao mesmo tempo, óculos e relógio é:
a) exatamente 6
b) exatamente 2
c) no mínimo 6
d) no máximo 5
e) no mínimo 4

T47. (F.C.CHAGAS) Consultadas 500 pessoas sobre as emissoras de TV que habitualmente assistem, obteve-se o resultado seguinte: 280 pessoas assistem o canal A, 250 assistem o canal B e 70 assistem outros canais distintos de A e B. O número de pessoas que assistem A e não assistem B é:
a) 30 b) 150 c) 180 d) 200 e) 210

T48. (CESGRANRIO) Sejam os conjuntos $U = \{1, 2, 3, 4\}$ e $A = \{1, 2\}$. O conjunto B tal que $B \cap A = \{1\}$ e $B \cup A = U$ é:
a) $\varnothing$ b) $\{1\}$ c) $\{1, 2\}$ d) $\{1, 3, 4\}$ e) U

T49. (CESCEM) Um subconjunto X de números naturais contém 12 múltiplos de 4, 7 múltiplos de 6, 5 múltiplos de 12 e 8 números ímpares. O número de elementos de X é:
a) 32 b) 27 c) 24 d) 22 e) 20

T50. (PUC–SP) Quantos divisores naturais tem o número 144?
a) 15 b) 8 c) 10 d) 17 e) 12

T51. (PUC–SP) Um conjunto M possui dez números primos, dez números pares e dez números ímpares. Qual é o menor número de elementos que M pode ter?
a) 19 b) 20 c) 21 d) 29 e) 30

T52. (PUC–SP) Qual é o menor número natural não nulo que se deve multiplicar por 2310 para se obter um número divisível por 1300?
a) 10 b) 13 c) 130 d) 65 e) 39

T53. (FUVEST) $\dfrac{9}{5} - \dfrac{5}{9}$ é igual a:
a) $\dfrac{46}{45}$ b) 1 c) $\dfrac{4}{45}$ d) $\dfrac{56}{45}$ e) 0

T54. (CESGRANRIO) Ordenando os números racionais $p = \dfrac{13}{24}$, $q = \dfrac{2}{3}$ e $r = \dfrac{5}{8}$ obtemos:
a) $p < r < q$ b) $q < p < r$ c) $r < p < q$ d) $q < r < p$ e) $r < q < p$

T55. (FUVEST) Qual é a afirmação verdadeira?
a) a soma de dois números irracionais positivos é um número irracional
b) o produto de dois números irracionais distintos é um número irracional
c) o quadrado de um número irracional é um número racional
d) a diferença entre um número racional e um número irracional é um número irracional
e) a raiz quadrada de um número racional é um número irracional

Questões de Vestibular

Q1. (UF–SC) Calcule $(a-b)^2$, sendo a e b números reais positivos, sabendo-se que:
$$\begin{cases} a^2 + b^2 = 117 \\ ab = 54 \end{cases}$$

Q2. (MAPOFEI) Determinar o MDC e o MMC dos números 36, 40 e 56.

Q3. (FAAP) Se $a = 3, b = -2$ e $c = -1$, calcular $\dfrac{ab + c^2 + 6}{b^2} - \left(-\dfrac{1}{2}\right)^{-3}$

Q4. (FUVEST) a) Quais são o quociente e o resto da divisão de 3785 por 17?
b) Qual o menor número natural, maior que 3785, que é múltiplo de 17?

Q5. (FUVEST) Para transformar graus Fahrenheit em graus centígrados utilizamos a fórmula $C = \dfrac{5}{9}(F - 32)$ onde F é o número de graus Fahrenheit e C é o número de graus centígrados.
a) Transforme 35 graus centígrados em graus Fahrenheit.
b) Qual a temperatura (em graus centígrados) em que o número de graus Fahrenheit é o dobro do número de graus centígrados?

Q6. (VUNESP) Um copo cheio de água pesa 385g; com $\dfrac{2}{3}$ de água pesa 310g. Pergunta-se:
a) Qual é o peso do copo vazio?
b) Qual é o peso do copo com $\dfrac{3}{5}$ de água?

Q7. (VUNESP) a) Calcule as seguintes potências: $a = 3^3$, $b = (-2)^3$, $c = 3^{-2}$ e $d = (-2)^{-3}$.
b) Escreva os números a, b, c, d em ordem crescente.

Q8. (VUNESP) Uma pesquisa sobre grupos sangüíneos ABO, na qual foram testadas 6000 pessoas de uma mesma raça, revelou que 2527 têm a antígeno A, 2234 o antígeno B e 1846 não têm nenhum antígeno. Nessas condições, qual é o número de pessoas que tem os dois antígenos?

Q9. (MAPOFEI) Determinar todos os divisores inteiros positivos do número 36.

Q10. (MAPOFEI) Determinar o MDC e o MMC dos números 36, 42 e 56.

Q11. (MAPOFEI) Determinar a fração geratriz do número decimal periódico N = 121,434343...

Q12. (FUVEST) O produto de dois números naturais a e b é 600.
a) Quais são os possíveis divisores primos de a?
b) Quais são os possíveis valores do máximo divisor comum de a e b?

Q13. (CESGRANRIO) Mostre que é possível calcular a^{37}, a partir de a, executando não mais que do que 7 vezes a operação multiplicação.

Q14. (MAPOFEI) Calcular o valor numérico da expressão:
$$-\sqrt[3]{-8} + 16^{\frac{-1}{4}} - \left(-\dfrac{1}{2}\right)^{-2} + 8^{\frac{-4}{3}}$$

Q15. (FUVEST) a) Qual a metade de 2^{22}?
b) Calcule $8^{\frac{2}{3}} + 9^{0,5}$.

Q16. (FAAP) Se a = 3, b = –2 e c = –1, calcular $\dfrac{ab + c + 6}{b^2} - \left(\dfrac{1}{2}\right)^{-3}$.

Q17. (FUVEST) Achar a média aritmética dos números $\dfrac{3}{5}, \dfrac{13}{4}, \dfrac{1}{2}$.

Q18. (FUVEST) Calcule

a) $\dfrac{1}{10} - \dfrac{1}{6}$
b) $\dfrac{0,2 \cdot 0,3}{3,2 - 2,0}$

Q19. (FUVEST) Escrever a representação decimal do número real L dado pela expressão $L = \sqrt{\dfrac{(0,00004) \cdot (25000)}{(0,02)^5 \cdot (0,125)}}$

Q20. (FUVEST) Se $x + \dfrac{1}{x} = b$, calcule $x^2 + \dfrac{1}{x^2}$.

Gabarito

Conjuntos

1. a) ∈ b) ∈ c) ∉ d) ∈ e) ∈ f) ∈ g) ∈ h) ∉ i) ∉ j) ∉   **2.** a) V b) F c) V d) F e) F f) V g) F h) V i) F j) V

3. b) {–20, –10, –4, –2, 2, 4, 10, 20}   c) {..., –3, 3, 9,...}   d) {0, 1, 2, 3, ...}   e) {–3, –2, –1, 0, 1, 2}
f) { –3, –2, –1, 0, 1, 2, 3, 4, 5}   g) {0, 2, 4, 6, 8}   h) {–102, –34, –6, –2, 2, 6, 34, 102}
i) {–216, –108, –72, –54, –36, –24, –18, –12, –6, 6, 12, 18, 24, 36, 54, 72, 108, 216}
j) {–17, –11, 11, 17}

4. b) {x ∈ IN / x ≥ 0}   c) {x / x é múltiplo de 4}   d) {x ∈ IN / x < 25 e primo}   e) {x ∈ IN / 7 ≤ x ≤ 10}
f) {x ∈ IN / x é primo e par}   g) {x ∈ IN / x ≤ –5}   h) {x / x é divisor de 1}   i) {x / x é letra da palavra banana}
j) {x ∈ IN / x é divisor de 40}

5. b) {x ∈ Z / x ≤ 3}   c) {x ∈ IN / x é divisor de 6}   d) {x ∈ IN / 0 ≤ x ≤ 9}   e) {y ∈ IN* / y = x^2 }
f) {x ∈ Z / x é múltiplo de 10 e não positivo}   g) {x ∈ Z / x é divisor de 6}   h) {x ∈ Z / x é múltiplo de 2}
i) {x ∈ IN / x é primo}   j) {x ∈ Z / x é divisor de 3}

6. a) V b) F c) V d) V e) V f) V g) F h) F i) F j) V   **7.** a) V b) F c) V d) F e) V f) F g) V h) F i) F j) V

8. a) F b) F c) V d) F e) V f) V g) F h) F i) V j) F   **9.** a) F b) F c) V d) V e) V   **10.** a) V b) F c) V d) F e) V

11. a) {3, 4}   b) {5}   c) { } ou ϕ   d) {1, 2, 3, 4, 5}   e) {1, 2, 3, 4, 5, 6, 7, 8}   f) {3, 4, 5, 6, 7, 8}

12. a) V b) F c) V d) V e) V f) F

13. a) {0, 1, 2, 3, 4, 5, 6}   b) {0, 1, 2, 3, 4, 5, 6}   c) {1, 2, 3, 4, 5, 6}   d) {1, 2, 3, 4}   e) {3, 4}   f) {3, 4, 5, 6}

14. a) {a, b, c, x, y, z, w}   b) {x, y}   c) {a, b, c, x, y, e, i, o, u}   d) {a, e, i, o, u, x, y, z, w}   e) { } ou ϕ   f) {a}
g) {a, e, i, o, u, x, y, z, w}

15. a) {2, 3, 4, 5, 6, 7}   b) {3, 4, 5, 6}

16. a) {a, b, c, d, e, f, g, h, i, j, k}   b) {a, b, c, d, e}   c) {d, e, f, g}   d) {d, e}   e) {d, e}

17. a) {a, b, c, d, e}   b) {a, b, c, d, g, e, f}   c) {a, b, c, d, e, f, g}   d) {b, c, d}   e) { } ou ϕ   f) { } ou ϕ

18. a) {1, 2, 3, 4, 5, 6, 7, 8}   b) {1, 2, 3, 4, 7, 9, 10}   c) {3, 4, 5, 6, 7, 8, 9, 10}   d) {3, 4}   e) { } ou ϕ   f) {7}
g) {1, 2, 3, 4, 5, 6, 7, 8, 9, 10}   h) { } ou ϕ

19. a) {a, b, d, j, m, f, g, h, i, l}   b) {f, g, d}   c) {a, b, c, j, m, f, g, d, k}   d) {b, m, d}   e) {b, c, m, d, k, f, g, h, i, l}
f) {d}   g) {a, b, c, j, m, f, d, l, g, h, i}   h) {d}

20. a) {a, b, c, d, e, f, g}   b) {c, g, h, i, j, l, m, n, o}   c) {d, e, g, i, j, k, h}   d) {a, b, c, d, e, f, g, h, i, j, k, l, m, n, o}
e) {a, b, c, d, e, f, g, h, i, l, m, n, o}   f) {d, e, g}   g) U   h) {g}   i) {a, b, d, e, f}   j) {a, b, c, f, l, m, n, o}

21. a) 12 b) 15 c) 23   **22.** a) 130 b) 15 c) 265 d) 335   **23.** a) 120 b) 90 c) 75 d) 650 e) 150

24. a) V b) V c) V d) F e) F f) V g) V h) V i) V j) F   **25.** a, b, d, e, h, j

26. a) V b) V c) V d) V e) F f) V g) V h) F i) V j) V   **27.** a) < b) < c) < d) < e) > f) > g) < h) < i) > j) >

28. a) = b) > c) > d) = e) < f) > g) < h) > i) < j) >   **29.** a) 8 > 6 > 5 > 4 > 0 > –3 > –4 > –10

b) 79 > 9 > 7 > 4 > 0 > –1 > –2 > –8 > –10 > –11 > –15 > –80   c) $\frac{3}{5} > \frac{1}{2} > \frac{2}{7} > 0 > -\frac{1}{5} > -\frac{1}{3} > -\frac{2}{3} > -1$

30. a) –2,7 < –2,5 < –2,3 < –1 < 2,5 < 2,7 < 3,2   b) $-5 < -0,66... < -0,555... < -0,5 < \frac{2}{3} < 0,777...$

c) $-7 < -6 < -\sqrt{16} < -\sqrt{10} < -1,333... < \frac{2}{5} < \sqrt{4} < \sqrt{9}$

31. $\frac{2}{3} < \frac{11}{12} < \frac{15}{16} < \frac{18}{19} < \frac{47}{48} < 1$

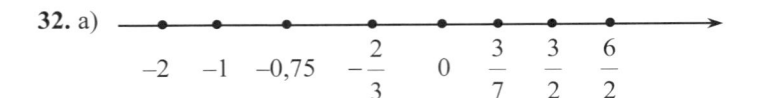

32. a) number line with points at $-2, -1, -0{,}75, -\frac{2}{3}, 0, \frac{3}{7}, \frac{3}{2}, \frac{6}{2}$

b) number line with points at $-2, -1, -\frac{1}{3}, 0, \frac{1}{2}, \frac{4}{5}, \frac{5}{2}, \frac{13}{3}, 6$

33. b) open interval $(0, 2)$ 　 c) closed interval $[-1, \frac{1}{2}]$

d) $[\frac{1}{2}, 7)$ 　 e) $[-2, 3]$

f) (empty) 　 g) $[0, \frac{4}{5}]$

h) $[0, 3]$ 　 i) $[1, \frac{4}{4})$

j) $[-\pi, \sqrt{2})$

34. b) $B = \{x \in \mathrm{IR} \,/\, \frac{-1}{2} \leq x \leq 4\}$ c) $C = \{x \in \mathrm{IR} \,/\, 0 \leq x < \frac{1}{5}\}$ d) $D = \{x \in \mathrm{IR} \,/\, \frac{-3}{2} < x \leq \sqrt{3}\}$

e) $E = \{x \in \mathrm{IR}^* \,/\, -3 \leq x \leq 2\}$ f) $F = \{x \in \mathrm{IR} \,/\, \frac{-2}{5} \leq x < 0\}$ g) $G = \{x \in \mathrm{IR} \,/\, x \geq \frac{-1}{5}\}$ h) $H = \{x \in \mathrm{IR} \,/\, -3 \leq x \leq -1\}$

i) $\{x \in \mathrm{IR} \,/\, x < -3\}$ j) $J = \{x \in \mathrm{IR} \,/\, x \neq 0\}$

35. a) $\frac{3}{4}$ b) $\frac{2}{3}$ c) $\frac{4}{5}$ d) $\frac{23}{24}$ e) $\frac{4}{5}$ f) 2   g) $\frac{1}{4}$ h) $\frac{1}{3}$ i) 3   j) $\frac{1}{4}$

36. a) $\frac{327}{10}$ b) $\frac{385}{100}$ c) $\frac{2}{100}$ d) $\frac{-176}{10000}$ e) $\frac{17}{100}$ f) $\frac{-271}{100}$ g) $\frac{-3702}{100}$ h) $\frac{1003}{1000}$ i) $\frac{25}{100}$ j) $\frac{3}{10}$

37. a) $0{,}4$ b) $0{,}01$ c) $0{,}4$ d) $0{,}04$ e) $-0{,}002$ f) $0{,}75$ g) $-0{,}003$ h) $37{,}5$ i) $-0{,}045$ j) $0{,}0002$

38. a) $2\frac{1}{3}$ b) $1\frac{1}{3}$ c) $2\frac{1}{2}$ d) $2\frac{5}{7}$ e) $2\frac{2}{5}$ f) $-3\frac{1}{2}$ g) $8\frac{1}{2}$ h) $-1\frac{5}{7}$ i) $1\frac{1}{4}$ j) $1\frac{1}{18}$

39. c) $\frac{7}{2}$ d) $\frac{-21}{5}$ e) $\frac{23}{3}$ f) $-\frac{43}{4}$ g) $\frac{-139}{5}$ h) $\frac{8}{3}$ i) $\frac{-30}{7}$ j) $\frac{-3}{2}$

40. a) 15   b) -81 c) -60 d) -63 e) 0   f) -8 g) 2   h) -74 i) 9   j) -1

41. a) -15 b) 72   c) -20 d) -90 e) 36   f) -3 g) -3 h) -18 i) -6 j) 0

42. a) 13   b) -2 c) 5   d) 6   e) -2 f) -14 g) 0   h) 5   i) 1   j) $\frac{-9}{2}$

43. a) -2 b) 1   c) $\frac{9}{5}$ d) $\frac{-9}{10}$ e) $\frac{-19}{10}$ f) $\frac{-1}{15}$ g) $\frac{-4}{3}$ h) $\frac{-4}{3}$ i) $\frac{19}{18}$ j) $\frac{17}{20}$

44. a) $\frac{25}{12}$ b) $\frac{5}{4}$ c) $\frac{65}{6}$ d) 12   e) $\frac{3}{14}$ f) $\frac{20}{9}$ g) $\frac{8}{35}$ h) $\frac{5}{32}$ i) $\frac{48}{35}$ j) $\frac{77}{8}$

45. a) 34   b) 49   c) 10   d) $\frac{27}{40}$ e) $\frac{3}{5}$ f) 1   g) $\frac{36}{187}$ h) 10   i) $\frac{64}{135}$ j) 4

46. a) $\frac{55}{12}$ b) $\frac{44}{61}$ c) $\frac{208}{23}$ d) $\frac{11}{10}$ **47.** a) $\frac{37}{2}$ b) $\frac{9}{5}$ c) 2500

48. a) 320   b) 2734   c) 13567   d) 145720   e) -727 f) -3980 g) -2750 h) -2750 i) 349   j) 757000

49. a) $0,003$ b) $0,003$ c) $0,000003$ d) $-0,175$ e) $0,0278$ f) $-3,758$ g) $0,49597$ h) $-0,003$ i) $0,52$ j) $0,00007$

50. a) $40,2$ b) $137,003$ c) $0,01502$ d) $277,75$ e) $1,4310045$ f) $3432,5$ g) $647,37$ h) $583,254$

51. a) $9,46$ b) $16,716$ c) $0,279$ d) $0,0546$ e) $292,383$ f) $0,1819$

52. a) $1,6$ b) $8,27$ c) $0,72$ d) $5,21$ e) $23,45$ f) $21,7$

53. a) $-53,66$ b) 30 c) $3,005$ d) $0,101$ **54.** a) 5 b) 8 c) -4 d) 5 e) -2

55. d) $\dfrac{278}{999}$ e) $\dfrac{32}{99}$ f) 1 g) $\dfrac{44}{333}$ h) $\dfrac{85}{333}$ i) $\dfrac{1}{3}$ j) $\dfrac{5}{9}$ k) $\dfrac{5}{33}$ l) $\dfrac{125}{999}$ m) $\dfrac{1}{9}$ n) $\dfrac{49}{99}$ o) $\dfrac{131}{999}$ p) $\dfrac{71}{333}$

56. d) $0,1414...$ e) $0,366366...$ f) $0,324324...$ g) $0,454545...$ h) $0,432432...$ i) $0,222...$ j) $0,777...$ k) $0,122122...$

l) $0,405405...$ m) $0,592592...$ n) $0,7272...$ o) $0,152152152...$

57. c) $\dfrac{49}{9}$ d) $\dfrac{37}{18}$ e) $\dfrac{281}{90}$ f) $\dfrac{116}{9}$ g) $\dfrac{641}{198}$ h) $\dfrac{1327}{330}$ i) $\dfrac{4676}{99}$ j) $\dfrac{2885}{99}$ k) $\dfrac{71}{3}$ l) $\dfrac{1174}{55}$

Cálculo Álgébrico

58. a) x^2 b) x^3 c) $x+y$ d) $\dfrac{x}{6}$ e) $2x+2y$ f) $(x+y)(x-y)$ g) $x-y$ h) x^2+y^2

59. a) RI b) RF c) RF d) I e) RF f) I g) RI h) RF i) RI

60. a) 21 b) $\dfrac{-1}{2}$ c) $\dfrac{-1}{7}$ d) $\dfrac{11}{8}$ e) 0 f) 7 g) $\dfrac{3}{14}$ h) $\dfrac{1}{2}$ i) $\dfrac{5}{3}$ j) $\nexists$ em IR k) $\nexists$ em IR

61. a) $\dfrac{53}{27}$ b) 0 c) 0 d) $\dfrac{-3}{4}$ e) $\dfrac{5}{3}$ f) $\dfrac{-3}{4}$ g) $-\dfrac{193}{30}$ h) $\dfrac{-1}{2}$ i) 4 j) $\dfrac{7}{6}$

62. a) M b) M c) M d) B e) T f) B g) M h) P i) B j) T

63. a) CN $= -7$, PL $= a^3$ b) CN $= \dfrac{-2}{3}$, PL $= m^2 n^3$ c) CN $= \dfrac{6}{5}$, PL $= x^3 y$ d) CN $= -1$, PL $= x^2 y^2$

e) CN $= \dfrac{-1}{2}$, PL = qualquer variável elevado a expoente 0 (por exemplo x^0) f) CN $= 1$, PL $= \dfrac{y^5}{x}$

g) CN $= -20$, PL $= a^4 bc^3$ h) CN $= 1$, PL $= a^3 x^5 y^2$

i) CN $= -2$, PL = qualquer variável elevado a expoente 0 (por exemplo x^0)

j) CN $= \dfrac{1}{3}$, PL = qualquer variável elevado a expoente 0 (por exemplo x^0)   k) CN $= -1$, PL $= xy$

l) CN $= -1$, PL $= \dfrac{y}{x^2}$

64. a) 1 b) 2 c) 2 d) 1 **65.** a) 12 b) 4 c) 2 d) 3 e) 2 f) 0 **66.** a) 7 b) 3 c) 3 d) 4 e) 5 f) 6

67. a) $x^4 + 0x^3 + 0x^2 + 0x - 1$ b) $3x^5 + 0x^4 + 0x^3 - \dfrac{x^2}{2} + 0x + 0$ c) $\dfrac{-y^2}{2} + 0y + 2$

d) $\dfrac{2y^7}{3} + 0y^6 + 0y^5 + 0y^4 - \dfrac{y^3}{2} + 2y^2 + y + 0$ e) $\sqrt{2}a^4 + 0a^3 + 0a^2 - \dfrac{5a}{3} + 0$ f) $2x^2 + 0x - 5$

68. a) $-6a^2$ b) $4x$ c) $-7y^2$ d) $-3y^2$ e) $-3xy$ f) $-ax$ g) $\dfrac{8}{5}xy$ h) $\dfrac{-5x^2}{12}$ i) $\dfrac{1}{8}y^2$ j) $\dfrac{43}{6}x^3 y^5$

69. a) $4a^3$ b) $-7m^2$ c) $16ab^2$ d) $-22mn$ e) $-\dfrac{13m}{30}$ f) $\dfrac{7m^2}{6}$ g) $\dfrac{79y^3}{24}$ h) 0

70. a) $2m+7n$ b) $6a^2+2b$ c) xy^2 d) x^2-5x+6 e) $6xy^2-4xy-y^2$ f) y^2-4y+x g) $3x^2-xy$ h) $-x^2+3y^2-6xy$

71. a) $7x-7y$ b) $2x^2-5xy+5y^2$ c) $-5a+4b$ d) $10x^2-3x^5+5y^2$ e) $3x^2+5x+10$ f) $8x^2-10xy+5y^2$

g) $-8x+17$ h) $-15x^2+6x+5$ i) $\dfrac{19x^2y}{20}$

72. a) $6x-5y-4$ b) $-6m^2+4m-1$ c) $48m$ d) $-5xy-16x+1$ e) $-4x^2+21x$

73. a) $7x-3y$ b) $2x^2+2x+3$ c) $\dfrac{5}{3}a^2-\dfrac{1}{4}b^2-\dfrac{1}{6}ab$ d) $\dfrac{11}{12}x^2+\dfrac{2}{3}y^2-\dfrac{5}{6}xy+9$ e) $\dfrac{7}{6}x^3-\dfrac{5}{2}x^2+\dfrac{49}{24}x-3$

f) $\dfrac{33}{8}x+\dfrac{y}{4}+\dfrac{b}{2}$ g) $\dfrac{57}{2}a^3b-5a^2b-14b^4+a^4$ h) $\dfrac{-7}{6}m^3-\dfrac{7}{6}m^2+\dfrac{17}{3}m-\dfrac{7}{3}$

74. a) $-5x+12y+4z$ b) $7x-10z$ c) $2x-y-2z$ d) $11x-2y-14z$ e) $-9x+14y+8z$ f) $12x+4y-17z$

75. $-17x^2-4x+2$ **76.** $4x+13$

77. a) a^5 b) a^3b^3 c) $-a^5$ d) a^6b^2 e) $6x^4$ f) $-4x^3y$ g) $-6abx^5$ h) $\dfrac{3}{8}a^5x^4y$ i) $2a^6b^5$ j) $\dfrac{-4x^{10}y^7}{9}$

78. a) m^6 b) $3a^7$ c) $2a^{10}$ d) $-m^9$ e) a^3b^6 f) $-4x^3y^5$ g) $-\dfrac{a^3b^3}{2}$ h) $\dfrac{2}{3}a^5b^4$ i) $12a^5b^4$ j) $\dfrac{3a^8b^8}{4}$

79. a) $2x^2+3x$ b) $3x^2+12x$ c) $-2x^2+2x$ d) x^2y-xy^2 e) $4x^3y-6x^2y^2$ f) $-2x^2y+3xy^3$

g) $x^3-\dfrac{2xy^2}{15}$ h) $-8a^4bc+12ac-16abc^{-1}$ i) $15x^4+12x^3y-18x^2y^2$ j) $\dfrac{3}{4}x^2y-\dfrac{2}{3}x^3y^2\dfrac{3}{2}x^2$

k) $-a^4b^5+2a^3b^4-3a^2b^3$ l) $\dfrac{-4}{5}m^3n^4-\dfrac{1}{2}m^4n^3-2m^2n^3$

80. a) $x^2-13x+40$ b) x^2-8x-9 c) x^4-9x^2+14 d) $x^3+x^2y-xy-y^2$ e) $x^5+x^2y-2x^4y-2xy^2$

f) $12x^3-41x^2+24x$ g) $x^4-2x^3-3x^2$ h) $2x^5-2x^4+x^2-x$

81. a) x^2+5x+6 b) $x^2-7x+10$ c) x^3+3x^2-x-3 d) $6x^2-20x-16$ e) $y^6-4y^5+y^4-5y^3+4y^2$

f) $x^3-6x^2+11x-6$ g) $\dfrac{x^2}{4}-\dfrac{xy}{2}-6y^2$ h) x^2-36 i) $9x^3+99x^2-4x-44$ j) $4a^3b-12a^2b+8ab$

82. a) x^3-7x+6 b) $\dfrac{a^2}{2}+\dfrac{a}{2}-15$ c) $2x^3-16x^2+38x-24$ d) $x^3-\dfrac{5x^2}{12}-\dfrac{x}{8}+\dfrac{1}{24}$ e) $x^6+x^5-3x^4-2x^3+3x^2+x-1$

f) $2am^2-3m^3+\dfrac{4am}{3}+m+\dfrac{2a}{3}$ g) $-2x^3y+2x^2y^2+4xy^3$ h) $4x^2y-8y^3+4xy^2$ i) $6x^3+27x^2+3x-36$

j) $a^6b+2a^3b^2+a^3b^3-a^5b^3-2a^2b^4-a^2b^5$

83. a) $-3x^4+2x^3+4x^2-2x-15$ b) $-x^4-10x^3+13x^2+6x-12$ c) $3x^4-16x^3+29x^2+6x$ d) $3x^3y^3-x^2-29xy-y^2$

84. a) a^5 b) $4x^3$ c) $-3y^3$ d) $3y^2$ e) $-4a^3b$ f) $\dfrac{-2a^2y}{3}$ g) $\dfrac{a^3}{2x}$ h) $\dfrac{1}{3}$ i) ax^2 j) $2n^4$

85. a) $\dfrac{2}{ab}$ ou $2a^{-1}b^{-1}$ b) $-\dfrac{m}{8n}$ ou $-\dfrac{1}{8}mn^{-1}$ c) $-\dfrac{27x}{125by}$ ou $-\dfrac{27}{125}xb^{-1}y^{-1}$ d) $-\dfrac{xy^{-1}}{2}$ ou $-\dfrac{x}{2y}$ e) $\dfrac{2a^3}{x}$ ou $2a^3x^{-1}$

86. a) $3x^2+7x-4$ b) $-4x^2+\dfrac{1}{2}xy^2$ c) $3a^3b-7ab+b^2$ d) $\dfrac{-7}{3}xy+\dfrac{1}{3}y$ e) $x^4-x^3+x^2-x-1$

f) $-2x^4+\dfrac{5}{3}x^2-x+3$ g) $\dfrac{-1}{3}b+\dfrac{5}{4}$ h) $\dfrac{-2x}{y^2}-\dfrac{3}{y}$ i) $5x^5-\dfrac{6}{x}$ j) $-4ab^2-2$

87. a) $-3x^2+xy-\dfrac{xy^2}{3}$ b) $\dfrac{4y}{x}-\dfrac{2y^2}{x^2}-\dfrac{1}{x^4y}$ ou $4yx^{-1}-2y^2x^{-2}-x^{-4}y^{-1}$ c) $m^4-m^3+m^2-m+1$

d) $-\dfrac{a^2b^5}{2}+\dfrac{2a^4}{b}-4b^2$ ou $-\dfrac{1}{2}a^2b^5+2a^4b^{-1}-4b^2$ e) $xy-\dfrac{2}{xy^2}$ ou $xy-2x^{-1}y^{-2}$

88. a) Q(x) = $5x^2+2x+4$, R(x) = 1 b) Q(x) = $2x^2+x-1$, R(x) = $-2x+2$ c) Q(x) = $4x^2-7x-20$, R(x) = $-22x+61$

d) Q(x) = $2x^3-5x^2+14x-36$, R(x) = +185 e) Q(x) = $-3x+4$, R(x) = 9 f) Q(x) = $3x-1$, R(x) = -6

g) Q(x) = $x-1$, R(x) = 0 h) Q(x) = $3x^3-9x^2+21x-70$, R(x) = 200 i) Q(x) = -3, R(x) = $3x+7$

j) Q(x) = $4x-2$, R(x) = 5

89. a) Q(x) = $4x^2+5x-6$, R(x) = 0 b) Q(x) = $x^4+2x^3+2x^2+2x+1$, R(x) = 0 c) Q(x) = $2x^2+5x+17$, R(x) = $50x+50$

d) Q(x) = $2x^2-x-3$, R(x) = $-6x^2-x+5$ e) Q(x) = x^3-2x^2-x+2, R(x) = 0 f) Q(x) = $3x^3-4x^2+2x+4$, R(x) = 0

g) Q(x) = $12x^2-7x-12$, R(x) = -3 h) Q(x) = $6x^2-7x+2$, R(x) = 0 i) Q(x) = $3x^2-x-4$, R(x) = x

j) Q(x) = $3x+4$, R(x) = $x+9$

90. $P(x)=9x^2-33x+37$ **91.** $P(x)=8x^2+8x-9$ **92.** $A(x)=x^3+x^2-4x+4$ **93.** $k=1$ **94.** $p=12$

95. a) $-24x^4+44x^3+5x$ b) $-12x^3-21x^2+4x+11$ c) $-x+6$ d) x^2+x+4 e) $x-7$ **96.** x^2+2x+9

97. a) 4 b) -4 c) 4 d) -8 e) -8 f) 1 g) -1 h) $\dfrac{1}{4}$ i) $\dfrac{8}{27}$ j) $\dfrac{16}{9}$

98. a) a^{10} b) $4x^8$ c) $-125y^9$ d) $9x^6y^8$ e) $\dfrac{1}{25}m^4n^2$ f) $-\dfrac{8}{27}x^9y^6$ g) $-3x^3y^2$ h) $256a^8b^{12}c^4$ i) $\dfrac{1}{100a^6b^4}$

j) $\dfrac{9}{49}b^{10}c^8$

99. a) = b) ≠ c) ≠ d) ≠ e) ≠ f) ≠ g) ≠ h) ≠ i) ≠ j) = k) = l) =

100. a) $\dfrac{-55}{48}$ b) $\dfrac{17}{30}$ c) $\dfrac{-253}{153}$ d) $\dfrac{256}{9}$ e) $\dfrac{-11}{24}$ f) -1 g) $\dfrac{343}{20}$ h) $\dfrac{-5}{12}$

101. a) $6ab$ b) $\dfrac{7}{9}b^3$ c) $\dfrac{4a^5}{5}$ d) $8x^3y^3$ e) ∄ em IR f) $\dfrac{b^3a^4x}{2}$ g) ab^2 h) ∄ em IR i) $\dfrac{ab}{2}$

Produtos Notáveis

102. a) $x^2+2xy+y^2$ b) x^2+2x+1 c) x^2+4x+4 d) x^2+6x+9 e) $x^2+14x+49$ f) $x^2+10x+25$

g) $x^2+22x+121$ h) $x^2+26x+169$ i) $x^2+8x+16$ j) $x^2+18x+81$

103. a) $a^2+2ab+b^2$ b) $y^2+10y+25$ c) $m^2+2mn+n^2$ d) $m^2+28m+196$ e) $y^2+40y+400$ f) $n^2+60n+900$

g) $x^2+12x+36$ h) $n^2+26n+169$ i) $y^2+24y+144$ j) $m^2+16m+64$

104. a) $4x^2+4x+1$ b) $4y^2+12y+9$ c) $9x^2+18x+9$ d) $9x^2+6x+1$ e) $16x^2+40x+25$ f) $25x^2+70x+49$

g) $64y^2+32yx+4$ h) $9y^2+12y+4$ i) $49y^2+42y+9$ j) $4x^2+20x+25$

105. a) $4y^2+20y+25$ b) $9m^2+12m+4$ c) $16+40n+25n^2$ d) $49+28n+4n^2$ e) $25+30y+9y^2$ f) $25y^2+30y+9$

g) $100y^2+40y+4$ h) $25y^2+20y+4$ i) $121x^2+22x+1$ j) $144m^2+24m+1$

106. a) $9x^2+12xy+4y^2$ b) $4x^2+20xy+25y^2$ c) $9y^2+24xy+16x^2$ d) $16a^2+40ab+25b^2$ e) $36x^2+12xy+y^2$

f) $x^2+2xy+y^2$ g) $25x^2+50xy+25y^2$ h) $y^2+6xy+9x^2$ i) $9a^2+12ab+4b^2$ j) $4m^2+28m+49n^2$

107. a) $x^4+2x^2y^2+y^4$ b) $a^4+2a^2b^2+b^4$ c) $4x^4+4x^2y^2+y^4$ d) $16x^4+8x^2y+y^2$ e) $9x^2+6xy^2+y^4$

f) $x^6+2x^3y^2+y^4$ g) $4x^4+4x^2+1$ h) $9y^4+6x^2y^2+x^4$ i) $9x^6+12x^3y^2+4y^4$ j) $4m^2+28mn+49n^2$

108. a) $9y^2+12xy+4y^2$ b) $4y^2+20xy+25x^2$ c) $x^6+2x^3y^2+y^4$ d) $4x^4+4x^2y+y^2$ e) $9y^4+12y^2+4$

f) $9a^6+6a^3b^2+b^4$ g) $x^4+8x^2b^3+16b^6$ h) $a^6+2a^3b^3+b^6$ i) $a^4+2a^2b^4+b^8$ j) $4a^8+12a^4b^2+9b^4$

109. a) $x^2+x^2+\frac{1}{4}$ b) $x^2+\frac{2x}{3}+\frac{1}{9}$ c) $y^2+y+\frac{1}{4}$ d) $x^4+\frac{x^2}{2}+\frac{1}{16}$ e) $y^2+\frac{4y}{3}+\frac{4}{9}$

f) $\frac{25}{9}+\frac{10x}{3}+x^2$ g) $y^2+\frac{4y}{3}+\frac{4}{9}$ h) $a^2+\frac{8a}{3}+\frac{16}{9}$ i) $a^4+7a^2+\frac{49}{4}$ j) $\frac{25x^2}{9}+\frac{20xy}{3}+4y^2$

110. a) $y^4+\frac{2xy^2}{3}+\frac{x^2}{9}$ b) $4x^2+\frac{8xy}{3}+\frac{4y^2}{9}$ c) $a^2+\frac{3ab}{2}+\frac{9b^2}{16}$ d) $\frac{a^2}{4}+\frac{ab}{3}+\frac{b^2}{9}$ e) $9x^4+2x^2y+\frac{y^2}{9}$

f) $\frac{9x^4}{16}+\frac{3x^2y}{4}+\frac{y^2}{4}$ g) $\frac{y^2}{4}+2y+4$ h) $\frac{16a^2}{9}+\frac{8ab}{3}+b^2$ i) $\frac{x^2}{4}+2xy+4y^2$ j) $\frac{16x^4}{9}+2x^2y+\frac{9y^2}{16}$

111. a) $\frac{x^4}{4}+\frac{xy}{3}+\frac{y^2}{9}$ b) $\frac{x^4}{4}+2x^2y^2+4y^4$ c) $\frac{x^2}{9}+xy+\frac{9y^2}{4}$ d) $\frac{x^4}{16}+\frac{x^3}{4}+\frac{x^2}{4}$ e) $a^4+4a+\frac{4}{a^2}$

f) $\frac{x^2}{y^2}+2y+\frac{y^4}{x^2}$ g) $\frac{4}{x^4}+\frac{4y}{3x^2}+\frac{y^2}{9}$ h) $\frac{9y^2}{16}+\frac{6y^3}{5}+\frac{16y^4}{25}$ i) $\frac{a^2}{9}+\frac{2}{a}+\frac{9}{a^4}$) $\frac{a^4b^2}{16}+\frac{a^3b^3}{10}+\frac{a^2b^4}{25}$

112. b) $\frac{x^2+6x+9}{x^2+2x+1}$ c) $\frac{x^2+8x+16}{4x^2+4x+1}$ d) $\frac{x^4+6x^2+9}{y^6+4y^3+4}$ e) $\frac{x^4+6x^3+9x^2}{x^4+4x^2+4}$

113. b) $(x+3)^2$ c) $(x+5)^2$ d) $(x+10)^2$ e) $(y+12)^2$ f) $(m+n)^2$ g) $(y+4)^2$ h) $(y+3)^2$ i) $(x+7)^2$ j) $(y+6)^2$

114. a) $2x^2+9x+5$ b) $6x^2+29x+17$ c) $5x^4+30x^3+84x^2+5x+10$ d) $5y^4-y^3+19y^2-16y-4$

e) $3x^5-4x^4-2x^3-11x^2+3x-6xy-y^2$ f) $-16x^3-\frac{137x^2}{6}-\frac{7x}{2}+\frac{31}{4}$ g) $-4x-10$ h) $-3x^2+19x+60$

i) $-9x^4-24x^3-10x^2-\frac{19x}{3}-\frac{37}{9}$ j) $\frac{-4x^2}{3}+\frac{27y^2}{16}-\frac{3x^2}{y^2}+\frac{3y^2}{x^2}$

115. a) $14x^2+14x+6$ b) $12x^2+6x-2$ c) $-14x^2-14x-6$ d) $4x^2-2x-4$

116. a) $x^4+6x^2+10x+12$ **117.** 252 **118.** 10 **119.** $4x^2+12x+1$

120. a) x^2-4x+4 b) $x^2-14x+49$ c) $x^2-12x+36$ d) $y^2-10y+25$ e) $y^2-16y+64$ f) a^2-2a+1

g) $a^2-12a+36$ h) $x^2-2xy+y^2$ i) $x^2-18x+81$ j) $x^2-22x+121$

121. a) $9-6a+a^2$ b) $49-14b+b^2$ c) $y^2-16y+64$ d) $x^2-20x+100$ e) $x^2-14x+49$ f) $y^2-2xy+x^2$

g) $a^2-24a+144$ h) $y^2-26y+169$ i) $a^2-2ay+y^2$ j) $y^2-0,2y+0,01$

122. a) $x^2-4xy+4y^2$ b) $y^2-6xy+9x^2$ c) $a^2-8ab+16b^2$ d) $x^2-10ax+25a^2$ e) $x^2-20xy+100y^2$

f) $4x^2-4xy+y^2$ g) $9x^2-6xy+y^2$ h) $16y^2-24xy+9x^2$ i) $25a^2-20ab+4b^2$ j) $36a^2-36ab+9b^2$

123. a) $9x^2-12xy+4y^2$ b) $16m^2-8mn+n^2$ c) $25m^2-20mn+4n^2$ d) $a^2-14ab+49b^2$ e) $100a^2-40ab+4b^2$

f) $4b^2-28ab+49a^2$ g) $49b^2-14ab+a^2$ h) $9b^2-30ab+25a^2$ i) $4m^2-20mn+25n^2$ j) $100m^2-60mp+9p^2$

124. a) $x^4-2x^2y^2+y^4$ b) $a^4-4a^2y+4y^2$ c) $x^2-2xy^2+y^4$ d) $x^2-6xy^2+9y^4$ e) $x^6-2x^3y+y^2$

f) $y^2-2x^2y+x^4$ g) $y^2-6yx^2+9x^4$ h) $y^4-2xy^2+x^2$ i) $16x^6-16x^3y^2+4y^4$ j) $49a^4-28a^2b^2+4b^4$

125. a) $x^2-x+\frac{1}{4}$ b) $y^2-\frac{2y}{3}+\frac{1}{9}$ c) $x^2y^2-\frac{4xy}{3}+\frac{4}{9}$ d) $x^2-\frac{2x}{5}+\frac{1}{25}$ e) $y^2-\frac{4y}{5}+\frac{4}{25}$

f) $\frac{4}{25} - \frac{4xy}{5} + x^2 y^2$ g) $\frac{x^2}{4} - xy + y^2$ h) $\frac{x^2}{9} - \frac{x}{3} + \frac{1}{4}$ i) $\frac{1}{4}x^2 - \frac{2xy^2}{3} + \frac{4y^4}{9}$ j) $4x^4 - \frac{12x^2 y^2}{5} + \frac{9y^4}{25}$

126. a) $\frac{9x^2}{4} - \frac{3xy}{5} + \frac{y^2}{25}$ b) $x^6 - \frac{4x^3 y}{3} + \frac{4y^2}{9}$ c) $\frac{1}{25} - \frac{8m^2}{35} + \frac{16m^4}{49}$ d) $\frac{x^4}{16} - \frac{x^2 y^2}{12} + \frac{y^4}{36}$ e) $\frac{x^4}{25} - x^2 y^2 + \frac{25y^4}{4}$

f) $\frac{1}{9} - \frac{4y^2}{3} + 4y^4$ g) $36a^8 b^6 - 6a^5 b^5 + \frac{a^2 b^4}{4}$ h) $\frac{9a^4 b^2 c^2}{4} - 2a^3 b^3 c^3 + \frac{4a^2 b^4 c^4}{9}$ i) $4a^4 b^2 - 2a^2 b + \frac{1}{4}$

j) $9x^4 - 4x^2 y + \frac{4y^2}{9}$

127. a) $x^2 - 22x + 121$ b) $x^4 - 4x^2 y^2 + 4y^4$ c) $16x^2 - 40xy + 25y^2$ d) $49x^4 - 14x^2 y^3 + y^6$ e) $4y^2 - 12x^2 y + 9x^4$

f) $16x^4 - 8x^3 + x^2$ g) $y^2 - 5y + \frac{25}{4}$ h) $x^2 y^2 - 7xy^2 + \frac{49y^2}{4}$ i) $\frac{9x^2}{25} - \frac{3xy^2}{5} + \frac{y^4}{4}$ j) $9x^4 - 2x^2 y^2 + \frac{y^4}{9}$

128. a) $\frac{x^2 + 10x + 25}{x^2 - 4x + 4}$ b) $\frac{x^2 - 8x + 16}{9x^2 - 12x + 4}$ c) $\frac{4x^4 - 12x^2 + 9}{y^6 - 10y^3 + 25}$ d) $\frac{x^4 - 6x^3 + 9x^2}{4x^2 + 4x + 1}$

129. b) $(x-5)^2$ c) $(x-10)^2$ d) $(x-3)^2$ e) $(y-1)^2$ f) $(y-11)^2$ g) $(x-y)^2$ h) $(a-7)^2$ i) $(a-6)^2$ j) $\left(x - \frac{1}{2}\right)^2$

130. a) $3x^2 - 22x + 45$ b) $-x^2 + 8x - 28$ c) $16x - 28$ d) $-2x^3 + 4x^2 - 18x + 56$ e) $-3y^2 - 4y + 23$ f) $3a^2$

g) $\frac{53x^2}{27} - 4x - \frac{13}{6}$ h) $-3y^3 - 4y^2 - \frac{y}{3} + \frac{17}{36}$ i) $2x^2 + 14x - 12$ j) $\frac{14n^4}{9} - m - 9m^2 + 12mn^2$

131. 9 **132.** 4

133. a) $x^2 - 4$ b) $a^2 - 1$ c) $x^2 - a^2$ d) $x^2 - 9$ e) $x^2 - 49$ f) $a^2 - 25$ g) $x^2 - y^2$ h) $x^2 - 25$ i) $x^2 - 16$ j) $36 - m^2$

134. a) $x^2 - 36$ b) $a^2 - 49$ c) $b^2 - 64$ d) $a^2 - x^2$ e) $m^2 - 100$ f) $81 - m^2$ g) $t^2 - m^2$ h) $4 - x^2$ i) $x^2 - 16$ j) $9 - a^2$

135. a) $4x^2 - 1$ b) $9x^2 - 1$ c) $4x^2 - 9$ d) $16 - 25a^2$ e) $25 - 9x^2$ f) $4x^2 - a^2$ g) $4 - 9a^2$ h) $4a^2 - 9b^2$ i) $4x^2 - 9y^2$

j) $a^2 - 9b^2$

136. a) $4x^2 - 9b^2$ b) $9a^2 - 1$ c) $9x^2 - 4$ d) $4a^2 - 25$ e) $9 - 4m^2$ f) $a^2 - 9b^2$ g) $4b^2 - 9$ h) $a^2 - 9m^2$ i) $x^2 - 4y^2$

j) $9m^2 - a^2$

137. a) $x^4 - 1$ b) $x^4 - a^2$ c) $x^4 - 4$ d) $25 - a^4$ e) $9 - x^4$ f) $x^4 - 9a^2$ g) $x^4 - 4y^2$ h) $9z^2 - x^4$ i) $x^6 - 4$

j) $x^{10} - 1$

138. a) $x^4 - 25$ b) $x^4 - 36$ c) $x^4 - 9y^2$ d) $4x^4 - 9$ e) $4x^4 - 9y^2$ f) $16x^4 - 9y^6$ g) $4x^4 - 4y^4$ h) $9x^4 - 4y^2$

i) $9x^4 - 16y^6$ j) $9y^2 - 4x^{16}$

139. a) $x^4 - 4x^2$ b) $x^6 - 9x^2$ c) $x^4 - x^2$ d) $4x^2 - x^4$ e) $4x^4 - x^2$ f) $4x^2 - 9x^4$ g) $a^4 - 9a^2$ h) $a^6 - 4a^4$

i) $9x^6 - 4x^4$ j) $16x^4 - 4y^2$

140. a) $x^2 - \frac{1}{4}$ b) $4x^2 - \frac{1}{9}$ c) $x^2 - \frac{9}{16}$ d) $4x^2 - \frac{25}{4}$ e) $9x^2 - \frac{4}{25}$ f) $\frac{4x^2}{9} - \frac{1}{16}$ g) $\frac{1}{9} - 9x^2$ h) $\frac{4x^2}{25} - \frac{9}{49}$ i) $\frac{a^2}{9} - \frac{x^2}{4}$

j) $\frac{4x^2}{25} - \frac{y^2}{9}$

141. a) $4x^2 - \frac{1}{y^2}$ b) $16x^2 - \frac{1}{b^2}$ c) $4x^4 - \frac{9}{a^2}$ d) $4x^2 - \frac{1}{a^4}$ e) $9x^6 - \frac{25}{4x^2}$ f) $\frac{9}{4x^4} - \frac{16}{y^2}$ g) $\frac{1}{9y^2} - \frac{4}{x^2}$ h) $\frac{4x^2}{y^2} - 9x^4$

143

i) $\dfrac{9a^2}{b^4} - \dfrac{b^2}{a^6}$ j) $\dfrac{4}{x^4} - \dfrac{1}{c^6}$

142. a) $x^4 - \dfrac{4x^2}{9}$ b) $\dfrac{x^4}{9} - \dfrac{9x^2}{25}$ c) $\dfrac{25x^4}{49} - \dfrac{4x^2}{9}$ d) $9x^4 - \dfrac{4x^2}{81}$ e) $\dfrac{4x^2}{25} - \dfrac{49x^4}{4}$ f) $16x^2 - \dfrac{4x^4}{9}$ g) $\dfrac{9x^4}{4} - 4b^2$

h) $\dfrac{a^4}{9} - \dfrac{b^6}{25}$ i) $\dfrac{4a^4}{9} - \dfrac{9b^6}{4}$ j) $\dfrac{4a^2}{25} - 9m^4$

143. b) $(x+3)(x-3)$ c) $(x+1)(x-1)$ d) $(x+a)(x-a)$ e) $(2+b)(2-b)$ f) $(4+m)(4-m)$ g) $(5+3x)(5-3x)$

h) $(6a-2b)(6a+2b)$ i) $\left(5x+\dfrac{1}{2}\right)\left(5x-\dfrac{1}{2}\right)$ j) $\left(\dfrac{4x}{3}+\dfrac{1}{5}\right)\left(\dfrac{4x}{3}-\dfrac{1}{5}\right)$

144. a) $x^4 + 21x^2 - 14x + 6$ b) $3x^4 - 24x^2 + 2x - 5$ c) $-4x^4 + 12x^3 - 24x^2 - 74x - 28$ d) $97y^2 - 55y - 13$

e) $54x^4 - 72x^3 + 89x^2 - 9$ f) $\dfrac{9x^4}{5} + 31x^2 - \dfrac{5}{4}$ g) $3x^4 - 26x^2 + \dfrac{11}{3}$ h) $\dfrac{x^2}{3} + 4x + \dfrac{31}{45}$ i) $-4x^2 - \dfrac{16x}{3} - \dfrac{11}{12}$

j) $-77x^2 + 12x + \dfrac{22}{15}$

145. a) $x^2 + 5x + 6$ b) $x^2 + 3x + 2$ c) $x^2 + 8x + 15$ d) $x^2 + 7x + 6$ e) $x^2 - 7x + 10$ f) $x^2 - 5x + 6$ g) $x^2 - 6x + 5$

h) $x^2 + 10x + 21$ i) $x^2 - 12x + 35$ j) $x^2 - 7x + 6$

146. a) $x^2 + x - 6$ b) $x^2 - 4x - 5$ c) $x^2 - x - 6$ d) $x^2 + 2x - 8$ e) $x^2 + 3x - 10$ f) $x^2 - 4x - 21$ g) $x^2 - 2x - 3$

h) $x^2 - 3x - 10$ i) $x^2 - 11x + 30$ j) $x^2 + 10x + 16$

147. a) $x^2 + \dfrac{3x}{2} - 1$ b) $x^2 + \dfrac{9x}{5} - \dfrac{2}{5}$ c) $x^2 + \dfrac{4x}{3} + \dfrac{1}{3}$ d) $x^2 + x - \dfrac{10}{9}$ e) $x^2 + 4x + \dfrac{15}{4}$ f) $x^2 - \dfrac{9x}{20} + \dfrac{1}{20}$

g) $x^2 + \dfrac{23x}{14} + \dfrac{3}{14}$ h) $x^2 + \dfrac{7x}{15} - \dfrac{2}{15}$ i) $x^2 + \dfrac{7x}{4} - \dfrac{1}{2}$ j) $x^2 + \dfrac{12x}{5} - \dfrac{9}{5}$

148. a) $x^2 + \dfrac{13x}{3} + \dfrac{4}{3}$ b) $x^2 - \dfrac{5x}{2} + 1$ c) $x^2 + \dfrac{11x}{20} - \dfrac{3}{20}$ d) $x^2 + x + \dfrac{6}{25}$ e) $x^2 + \dfrac{5x}{14} - \dfrac{1}{14}$ f) $x^2 - \dfrac{4x}{5} - \dfrac{1}{5}$

g) $x^2 - \dfrac{9x}{5} - \dfrac{2}{5}$ h) $x^2 - \dfrac{2x}{15} - \dfrac{1}{15}$ i) $x^2 + \dfrac{13x}{5} + \dfrac{6}{5}$ j) $x^2 + \dfrac{4x}{15} - \dfrac{1}{5}$

149. a) $x^4 + 2x^2 - 3$ b) $x^4 - x^2 - 6$ c) $x^4 + 4x^2 - 12$ d) $x^4 - 3x^2 + 2$ e) $x^4 + x^2 - 30$ f) $x^4 + x^2 - 6$ g) $x^4 + 5x^2 - 6$

h) $x^6 - 9x^3 + 8$ i) $x^6 + 4x^3 - 12$ j) $x^4 - 2x^2 - 15$

150. a) $m^2 + 2m - 3$ b) $a^2 + \dfrac{3a}{2} - 1$ c) $a^2 - \dfrac{13a}{10} - \dfrac{3}{10}$ d) $y^2 - \dfrac{8}{5}y - \dfrac{4}{5}$ e) $y^2 - 2y + \dfrac{3}{4}$ f) $y^2 + \dfrac{y}{4} - \dfrac{3}{8}$ g) $y^2 + \dfrac{7y}{2} + 3$

h) $m^2 + \dfrac{5m}{3} - \dfrac{2}{3}$ i) $b^2 + \dfrac{8b}{15} + \dfrac{1}{15}$ j) $b^4 + b^2 - 2$

151. a) $m^2 + 3m + 2$ b) $n^2 - \dfrac{15n}{8} - \dfrac{1}{4}$ c) $p^2 - \dfrac{7p}{15} - \dfrac{2}{15}$ d) $c^2 - \dfrac{3c}{2} - 1$ e) $n^2 - 5n - 24$ f) $w^2 - w - 6$ g) $z^2 + \dfrac{11z}{6} - \dfrac{1}{3}$

h) $y^2 - \dfrac{11y}{10} - \dfrac{3}{5}$ i) $z^4 + \dfrac{5z^2}{2} - \dfrac{3}{2}$ j) $z^4 + 4z^2 - 5$

152. a) $4x^2 - 4x - 3$ b) $4x^2 + 16x + 15$ c) $4x^2 + 8x - 5$ d) $9x^2 + 24x + 12$ e) $9x^2 - 15x - 6$ f) $4x^2 + 2x - 30$

g) $9x^2 + 3x - 30$ h) $9x^2 + 27x + 18$ i) $16x^2 - 4x - 2$ j) $9x^2 - 9x - 10$

153. b) $(x-3)(x-4)$ c) $(x-3)(x-1)$ d) $(x+2)(x+3)$ e) $(x+2)(x+6)$ f) $(x+1)(x+5)$ g) $(x+1)(x+2)$

h) $(x-3)(x-5)$ i) $(x+2)(x+5)$ j) $(x-2)(x-7)$

154. b) $(x+3)(x+6)$ c) $(x-1)(x-4)$ d) $(x-2)(x-5)$ e) $(x+4)(x+4)$ f) $(x-5)(x-4)$ g) $(x+1)(x+9)$
h) $(x-7)(x-1)$ i) $(x-3)(x-7)$ j) $(x-3)(x-6)$

155. a) $2x^3 - 2x^2 + 20x - 21$ b) $20x^2 + 15x - 65$ c) $-16x^2 + 98x - 36$ d) $\dfrac{37x^2}{2} + \dfrac{110x}{3} + \dfrac{28}{3}$ e) $28x^2 + 18x + \dfrac{125}{6}$
f) $19x^2 + 32x + \dfrac{32}{3}$ g) $x^2 - 27x - \dfrac{1}{2}$ h) $\dfrac{69x^2}{2} - \dfrac{27x}{2} - 2$ i) $\dfrac{-16x^2}{3} - 3$ j) $\dfrac{28x^2}{5} - \dfrac{13x}{2} - \dfrac{47}{30}$

156. a) $7x^2 + 5x + 10$ b) $10x^2 + x + 14$ c) $28x^2 + 202x + 184$ d) $10x^2 + 22x - 19$ e) $-46x^2 - 32x - \dfrac{37}{2}$
f) $-10x^2 + \dfrac{19x}{2} + \dfrac{21}{2}$ g) $-18x^3 - 28x^2 - \dfrac{38x}{5} - \dfrac{17}{5}$ h) $52x^3 - 200x^2 - \dfrac{139}{2} - 5$ i) $50x^3 + 21x^2 + 67x - 54$

157. a) $x^3 + 3x^2y + 3xy^2 + y^3$ b) $x^3 + 6x^2 + 12x + 8$ c) $x^3 + 12x^2 + 48x + 64$ d) $x^3 + 3x^2 + 3x + 1$
e) $y^3 + 15y^2 + 75y + 125$ f) $y^3 + 18y^2 + 108y + 216$ g) $x^3 + 30x^2 + 300x + 1000$ h) $x^3 + 21x^2 + 147x + 343$
i) $x^3 + 33x^2 + 363x + 1331$ j) $a^3 + 12a^2 + 48a + 64$

158. a) $8x^3 + 12x^2y + 6xy^2 + y^3$ b) $x^3 + 9x^2y + 27xy^2 + 27y^3$ c) $x^3 + 12x^2y + 48xy^2 + 64y^3$
d) $8x^3 + 36x^2y + 54xy^2 + 27y^3$ e) $x^3 + 6x^2y + 12xy^2 + 8y^3$ f) $64x^3 + 144x^2y + 108xy^2 + 27y^3$
g) $8x^3 + 12x^2 + 6x + 1$ h) $27y^3 + 54y^2 + 36y + 8$ i) $125x^3 + 150x^2 + 60x + 8$ j) $27 + 81y + 81y^2 + 27y^3$

159. a) $x^6 + 3x^4y^2 + 3x^2y^4 + y^6$ b) $x^9 + 9x^6y^3 + 27x^3y^6 + 27y^9$ c) $x^6 + 3x^5 + 3x^4 + x^3$ d) $x^3 + 3x^2y^2 + 3xy^4 + y^6$
e) $x^9 + 3x^6y + 3x^3y^2 + y^3$ f) $8x^6 + 12x^4y + 6x^2y^2 + y^3$ g) $27x^9 + 54x^6y^3 + 36x^3y^6 + 8y^9$
h) $64x^6 + 96x^5 + 48x^4 + 8x^3$ i) $27y^3 + 27y^4 + 9y^5 + y^6$ j) $8x^6 + 36x^4y^3 + 54x^2y^6 + 27y^9$

160. a) $x^3 + x^2 + \dfrac{x}{3} + \dfrac{1}{27}$ b) $x^3 + \dfrac{3x^2}{2} + \dfrac{3x}{4} + \dfrac{1}{8}$ c) $8x^3 + 6x^2 + \dfrac{3x}{2} + \dfrac{1}{8}$ d) $x^6 + 2x^4 + \dfrac{4x^2}{3} + \dfrac{8}{27}$
e) $a^6 + \dfrac{3a^5}{2} + \dfrac{3a^4}{4} + \dfrac{a^3}{8}$ f) $\dfrac{x^6}{64} + \dfrac{3x^4y^2}{16} + \dfrac{3x^2y^4}{4} + y^6$ g) $\dfrac{x^6}{8} + \dfrac{3x^4y^2}{4} + \dfrac{3x^2y^4}{2} + y^6$
h) $\dfrac{27y^3}{125} + \dfrac{27xy^2}{5} + 45x^2 + 125x^3$ i) $\dfrac{1}{216} + \dfrac{x}{4} + \dfrac{9x^2}{2} + 27x^3$ j) $x^9 + 6x^6 + \dfrac{4x^3}{3} + \dfrac{8}{27}$

161. a) $x^6 + \dfrac{3x^4y^2}{2} + \dfrac{3x^2y^4}{4} + \dfrac{y^6}{8}$ b) $27x^6 + 9x^4y^2 + x^2y^4 + \dfrac{y^6}{27}$ c) $\dfrac{y^6}{27} + \dfrac{4y^4}{3} + 16y^2 + 64$ d) $8a^6 + 12a^4b^3 + 6a^2b^6 + b^9$
e) $x^{15} + 3x^{10}y^3 + 3x^5y^6 + y^9$ f) $8m^9n^6 + 12m^6n^5 + 6m^3n^4 + n^3$ g) $\dfrac{a^6}{8} + \dfrac{3a^5b^2}{2} + 6a^4b^2 + 8a^3b^6$
h) $m^6n^9 + 3m^7n^8 + 3m^8n^7 + m^9n^6$ i) $\dfrac{8}{125} + \dfrac{6y^3}{25} + \dfrac{3y^6}{10} + \dfrac{y^9}{8}$ j) $a^6b^9c^3 + 3a^5b^7c^3 + 3a^4b^5c^3 + a^3b^3c^3$

162. a) $8x^3 + 36x^4y^3 + 54x^5y^3 + 27x^6y^3$ b) $125a^9 + 525a^8 + 735a^7 + 343a^6$ c) $27x^3 + 54x^2y + 36xy^2 + 8y^3$
d) $729x^3 + 243x^2 + 27x + 1$ e) $\dfrac{a^6b^3}{27} + \dfrac{a^4b^2}{3} + a^2b + 1$ f) $\dfrac{27a^{15}}{125} + \dfrac{9a^{10}b^5}{5} + \dfrac{a^5b^{10}}{5} + \dfrac{125b^{15}}{27}$
g) $x^6y^9 + x^4y^6 + \dfrac{x^2y^3}{3} + \dfrac{1}{27}$ h) $x^6 + 3x^4 + 3x^2 + 1$ i) $y^9 + 9y^6 + 27y^3 + 27$ j) $a^{12} + 3a^8b + 3a^4b^2 + b^3$

163. a) $3x^3 + 9x^2 + 15x + 12$ b) $-x^3 + 3x^2 - 17x - 43$ c) $11x^2 + 15x - 1$ d) $-x^6 - 4x^4 - 3x^2 - 4$

e) $2x^6 - 2x^4 - \dfrac{55x^3}{3} - \dfrac{113x^2}{2} - 65x - 8$ f) $-x^3 - 28x^2 + 28x + 6$ g) $\dfrac{-x^3}{3} - 4x^2 - 7x - \dfrac{19}{4}$ h) $-8x^3 - \dfrac{28x^2}{3} - 8x + 4$

i) $-x^3 - 118x^2 + 49x - \dfrac{3}{4}$ j) $-x^3 - 19x^3 - 5x + \dfrac{29}{3}$

164. b) $(m+1)^3$ c) $(a+2)^3$ d) $(q+2)^3$ e) $(2x+1)^3$ f) $(1+2xy)^3$ g) $(1+3x)^3$ h) $(m+n)^3$ i) $(2m+1)^3$

j) $(3m+1)^3$

165. a) $x^3 - 3x^2y + 3xy^2 - y^3$ b) $x^3 - 6x^2 + 12x - 8$ c) $a^3 - 9a^2 + 27a - 27$ d) $y^3 - 3y^2 + 3y - 1$ e) $x^3 - 6x^2y + 12xy^2 - 8y^3$

f) $1 - 6y + 12y^2 - 8y^3$ g) $27x^3 - 273x^2 + 9x - 1$ h) $a^3 - 6a^2b + 12ab^2 - 8b^3$ i) $x^3 - 12x^2 + 48x - 64$

j) $x^3 - 15x^2 + 75x - 125$

166. a) $m^3 - 3m^2n + 3mn^2 - n^3$ b) $8m^3 - 36m^2n + 54mn^2 - 27n^3$ c) $y^3 - 21y^2 + 147y - 343$ d) $8y^3 - 6y^2x + 12yx^2 - x^3$

e) $27x^3 - 54x^2y + 36xy^2 - 8y^3$ f) $64x^3 - 48x^2 + 12x - 1$ g) $8b^3 - 36b^2a + 54ba^2 - 27a^3$ h) $343 - 147y + 21y^2 - y^3$

i) $8 - 6y + 12y^2 - y^3$ j) $a^3 - 12a^2b + 48ab^2 - 64b^3$

167. a) $x^6 - 3x^4 + 3x^2 - 1$ b) $y^6 - 6y^4 + 12y^2 - 8$ c) $a^9 - 9a^6 + 27a^3 - 27$ d) $x^3 - 3x^2y + 3xy^4 - y^6$

e) $27x^6 - 27x^4 + 9x^2 - 1$ f) $y^6 - 6y^4x + 12y^2x^2 - 8x^3$ g) $a^9 - 3a^6b^3 + 3a^3b^6 - b^9$ h) $8a^6 - 24a^4b^2 + 24a^2b^4 - 8b^6$

i) $x^6y^3 - 3x^4y^2 + 3x^2y - 1$ j) $x^9 - 3x^6 + 3x^3 - 1$

168. a) $x^9 - 6x^6y^2 + 12x^3y^4 - 8y^6$ b) $a^6 - 3a^5b + 3a^4b^2 - a^3b^3$ c) $a^3b^3 - 3a^3b^2 + 3a^3b - a^3$ d) $8a^3b^3 - 36a^3b^2 + 54a^3b - 27a^3$

e) $a^9 - 3a^8 + 3a^7 - a^6$ f) $27y^3 - 54y^4 + 36y^5 - 8y^6$ g) $125x^3y^3 - 150x^2y^4 + 60xy^5 - 8y^6$

h) $a^6b^3 - 3a^5b^4 + 3a^4b^5 - a^3b^6$ i) $64x^9y^6 - 96x^6y^7 + 48x^3y^8 - 8y^9$ j) $a^9 - 9a^6 + 27a^3 - 27$

169. a) $x^3 - \dfrac{3x^2}{2} + \dfrac{3x}{4} - \dfrac{1}{8}$ b) $\dfrac{1}{27} - \dfrac{y}{3} + y^2 - y^3$ c) $x^3 - \dfrac{3x^2}{5} + \dfrac{3x}{25} - \dfrac{1}{125}$ d) $a^3 - 2a^2 + \dfrac{4a}{3} - \dfrac{8}{27}$ e) $\dfrac{1}{27} - \dfrac{b}{3} + b^2 - b^3$

f) $8x^3 - 6x^2 + \dfrac{3x}{2} - \dfrac{1}{8}$ g) $\dfrac{8}{27} - \dfrac{4y}{3} + 2y^2 - y^3$ h) $8y^3 - 6y^2 + \dfrac{3y}{2} - \dfrac{1}{8}$ i) $y^3 - \dfrac{3y^2}{4} + \dfrac{3y}{16} - \dfrac{1}{64}$ j) $y^3 - y^2 + \dfrac{y}{3} - \dfrac{1}{27}$

170. a) $27x^6 - 54x^5 + 36x^4 - 8x^3$ b) $\dfrac{a^6}{27} - 3a^4b^2 + 9a^2b^4 - 27b^6$ c) $\dfrac{8a^6}{27} - 2a^4b^2 + \dfrac{9a^2b^4}{2} - \dfrac{27b^6}{8}$

d) $64a^3 - 240a^3b + 300a^3b^2 - 125a^3b^3$ e) $\dfrac{x^6}{8} - \dfrac{3x^4y^2}{2} + 6x^2y^4 - 8y^6$ f) $\dfrac{27x^3}{8} - \dfrac{9x^2y}{2} + 2xy^2 - \dfrac{8y^3}{27}$

g) $8a^6b^9 - 6a^4b^6 + \dfrac{3a^2b^6}{2} - \dfrac{1}{8}$ h) $27a^6b^3 - 54a^5b^4 + 36a^4b^5 - 8a^3b^6$ i) $64b^9 - 48b^6 + 12b^3 - 1$

j) $\dfrac{a^3}{125} - \dfrac{3a^2b}{5} + 15ab^2 - 125b^3$

171. a) $1 - 9xy^2 + 27x^2y^4 - 27x^3y^6$ b) $125a^3y^6 - 75a^2y^4 + 15ay^2 - 1$ c) $27a^{12}b^9 - 9a^9b^8 + a^6b^7 - \dfrac{a^3b^6}{27}$

d) $8a^7 - 72a^4y^2 + 216a^2y^4 - 216y^6$ e) $8c^9 - 36c^6d^2 + 54c^3d^4 - 27d^6$ f) $\dfrac{1}{8} - \dfrac{3z^3}{4} + \dfrac{3z^6}{2} - z^9$

g) $a^3b^6 - 9a^2b^4 + 27ab^2 - 27$ h) $27a^6b^3 - 9a^5b^4 + a^4b^5 - \dfrac{a^3b^6}{27}$ i) $x^{12} - 3x^8 + 3x^4 - 1$

j) $a^9 - 9a^7b^2 + 27a^5b^4 - 27a^3b^6$

172. b) $(x-y)^3$ c) $(m-n)^3$ d) $(2x-1)^3$ e) $(1-3m)^3$ f) $(2a-b)^3$ g) $(y-x)^3$ h) $(3a-2b)^3$

173. a) $-x^3 + 5x^2 - 8x + 6$ b) $4x^3 - 4x^2 + 12x - 30$ c) $2b^3 - 3b^2 - a^2 + 6a^2b$ d) $\dfrac{-x^3}{3} - \dfrac{5x^2}{3} + \dfrac{7x}{18} - \dfrac{80}{81}$

e) $\dfrac{-x^3}{6} - \dfrac{2x}{5} + \dfrac{11}{12}$ f) $-x^3 + 9x^2 - 25x + 44$ g) $\dfrac{x^3}{3} - \dfrac{4x^2}{3} + \dfrac{x}{9} + 3$ h) $-x^3 + x^2 - 10x - 1$ i) $-x^2y + 9xy^2 - \dfrac{2x^2}{9} + 6xy$

j) $-a^4 - a^3 + 5b^2 + 8b^3 + 2a^2b$

174. a) $x^3 + 8$ b) $x^3 + 1$ c) $x^3 + a^3$ d) $x^3 + 125$ e) $x^3 + 216$ f) $x^3 + 64$ g) $x^3 + 512$ h) $x^3 + 1000$

i) $x^3 + 27$ j) $m^3 + a^3$

175. a) $m^3 + 27$ b) $x^3 + 125$ c) $m^3 + 8$ d) $a^3 + 729$ e) $x^3 + 1331$ f) $x^3 + 64$ g) $x^3 + 1728$ h) $m^3 + x^3$ i) $a^3 + 216$

j) $x^3 + 343$

176. a) $8x^3 + 27$ b) $27x^3 + 8$ c) $64x^3 + 1$ d) $125m^3 + 27$ e) $64x^3 + 8$ f) $8x^3 + 125$ g) $125x^3 + 64$ h) $512m^3 + 8$

i) $125a^3 + 27$ j) $27m^3 + 1$

177. a) $8x^3 + 216$ b) $216x^3 + 27$ c) $343m^3 + 64$ d) $8m^3 + 64$ e) $125m^3 + 1$ f) $343a^3 + x^3$ g) $8x^3 + 343$

h) $125x^3 + m^3$ i) $27m^3 + 64$ j) $64m^3 + 27$

178. a) $x^3 + \dfrac{1}{125}$ b) $x^3 + \dfrac{8}{27}$ c) $x^3 + \dfrac{1}{8}$ d) $x^3 + \dfrac{27}{125}$ e) $m^3 + \dfrac{1}{343}$ f) $\dfrac{8}{125} + a^3$ g) $m^3 + \dfrac{27x^3}{343}$ h) $x^3 + \dfrac{1}{y^3}$

i) $x^3 + \dfrac{1}{m^3}$ j) $b^3 + \dfrac{8}{343}$

179. a) $27x^3 + \dfrac{1}{125}$ b) $8x^3 + \dfrac{1}{64}$ c) $125x^3 + \dfrac{1}{27}$ d) $125 + \dfrac{x^3}{8}$ e) $27 + \dfrac{x^3}{27}$ f) $8x^3 + \dfrac{1}{125}$ g) $27x^3 + \dfrac{27}{x^3}$ h) $\dfrac{8x^3}{27} + \dfrac{y^3}{125}$

i) $\dfrac{8x^3}{125} + \dfrac{27}{y^3}$ j) $\dfrac{1}{x^3} + 64y^3$

180. a) $8x^6 + 27$ b) $125x^6 + 8$ c) $x^6 + 125$ d) $8x^9 + 27x^3$ e) $64x^6 + 125$ f) $64x^{15} + 27$ g) $27y^6 + 8x^3$

h) $125y^9 + 64x^3$ i) $27y^{15} + 8x^6$ j) $x^9 + 8y^6$

181. a) $8x^6 + \dfrac{27}{x^3}$ b) $125x^3 + \dfrac{1}{x^6}$ c) $64x^9 + \dfrac{64}{x^9}$ d) $8x^3 + \dfrac{125}{x^6}$ e) $\dfrac{27x^3}{8} + \dfrac{1}{x^{15}}$ f) $8x^6 + \dfrac{27}{64x^3}$ g) $8x^3 + \dfrac{27}{y^6}$

h) $x^6 + \dfrac{8}{125}$ i) $27x^9 + \dfrac{125}{y^3}$ j) $64x^6 + \dfrac{8}{y^3}$

182. a) $\dfrac{8m^3}{27} + \dfrac{1}{a^6}$ b) $8x^6 + \dfrac{64}{x^9}$ c) $125x^6 + \dfrac{8x^3}{125}$ d) $8x^6 + 1$ e) $64x^6 + \dfrac{27y^3}{8}$ f) $\dfrac{27x^9}{8} + \dfrac{a^3}{27}$ g) $\dfrac{8x^{15}}{125} + 125y^6$

h) $8x^3 + \dfrac{27}{y^6}$ i) $8m^6 + \dfrac{64y^6}{125}$ j) $\dfrac{27x^9}{8} + \dfrac{8y^6}{27}$

183. b) $(x+1)(x^2 - x + 1)$ c) $(x+3)(x^2 - 3x + 9)$ d) $(a+4)(a^2 - 4a + 16)$ e) $(2a+1)(4a^2 - 2a + 1)$

f) $(4m+1)(16m^2 - 4m + 1)$ g) $(3x+2)(9x^2 - 6x + 4)$ h) $(4x+2)(16x^2 - 8x + 4)$ i) $(2x+5)(4x^2 - 10x + 25)$

j) $(a+x)(a^2 - ax + x^2)$

184. b) $(a+2)(a^2 - 2a + 4)$ c) $(4a+3)(16a^2 - 12a + 9)$ d) $(x+5)(x^2 - 5x + 25)$ e) $(2x+3)(4x^2 - 6x + 9)$

f) $(3a+4b)(9a^2-12ab+16b^2)$ g) $(3x+1)(9x^2-3x+1)$ h) $(5a+m)(25a^2-5am+m^2)$

i) $(4x+2)(16x^2-8x+4)$ j) $(2x+3a)(4x^2-6ax+9a^2)$

185. a) $-2x^3+11x^2+13x-114$ b) $x^3-20x^2-7x-29$ c) $-10x^3-x^2-x-861$ d) $-6x^3+10x^2-54x+14$

e) $-296x^3+109x^2+354x+334$ f) $32x^4-27x^3-111x^2-77x+11$ g) $\frac{-181x^2}{9}-\frac{184x}{3}-\frac{181}{9}$ h) $3x^2+24x-54$

i) $-135x^3-12x^2-\frac{29x}{5}-\frac{1}{3}$ j) $\frac{-42x^3}{5}+\frac{36x^2}{5}+\frac{8x}{5}+\frac{71}{270}$

186. a) $-19x^3-33x^2-38x-111$ b) $125x^3-60x+8$ c) $88x^3-328x^2+198x-109$

d) $-36x^4+8x^3+115x^2+\frac{13x}{6}+\frac{1}{8}-\frac{3}{x^2}$ e) $3x^3-221x^2-484x-339$ f) $4x^6+108x^4+664x^3+1199x^2+900x+30$

g) $-2x^3-42x^2-7x-\frac{3}{8}$ h) $\frac{4x^3}{9}-28x^2-\frac{107x}{12}-\frac{23}{48}$ i) $29x^3+14x^2+3x+\frac{5}{108}$

187. a) x^3-a^3 b) x^3-8 c) x^3-27 d) x^3-125 e) m^3-a^3 f) m^3-1 g) x^3-216 h) m^3-64

i) m^3-729 j) a^3-343

188. a) x^3-512 b) $8-x^3$ c) $27-a^3$ d) $125-x^3$ e) $1-m^3$ f) m^3-1000 g) $64-a^3$ h) $1728-x^3$ i) x^3-1331

j) $343-m^3$

189. a) $8x^6-1$ b) $27x^3-1$ c) $8x^3-8$ d) $8a^3-x^3$ e) $27a^3-8x^3$ f) $125-8x^3$ g) $64x^3-27$ h) $1-8x^3$ i) $27-8a^3$

j) $125-8m^3$

190. a) $27-64x^3$ b) $8x^3-125$ c) $27x^3-64$ d) $64x^3-8$ e) $64x^3-125$ f) $8-125x^3$ g) $8x^3-27y^3$

h) $216-125m^3$ i) $1-216m^3$ j) $64-8a^3$

191. a) $x^3-\frac{1}{8}$ b) $x^3-\frac{1}{27}$ c) $x^3-\frac{8}{27}$ d) $a^3-\frac{64}{125}$ e) $m^3-\frac{27}{64}$ f) $\frac{1}{x^3}-8x^3$ g) $\frac{1}{27}-27a^3$ h) $\frac{64}{27}-27x^3$

i) $\frac{8x^3}{27}-\frac{27a^3}{8}$ j) $\frac{1}{x^3}-64a^3$

192. a) x^6-8 b) x^6-27 c) x^6-125 d) $x^6-\frac{1}{8}$ e) $8x^6-\frac{27}{x^3}$ f) $27-8x^6$ g) $125-x^6$ h) $\frac{27}{y^6}-8x^3$

193. a) $27x^3-8x^6$ b) x^6-512 c) $64x^6-\frac{8}{y^3}$ d) $8x^6-1$ e) x^6-27y^3 f) x^6-8y^6 g) $8x^3-27b^6$ h) a^6-b^9

i) m^6-27n^3 j) $8m^6-64n^3$

194. a) $8x^6-\frac{1}{y^3}$ b) $27a^6-\frac{125m^3}{8}$ c) $m^6-\frac{27a^3}{125}$ d) $64x^6-\frac{27y^3}{8}$ e) $64x^6-\frac{125y^9}{8}$ f) $27m^6-\frac{a^3}{27}$ g) $8m^6-\frac{27n^3}{64}$

h) $\frac{8x^3}{27}-\frac{64y^6}{125}$ i) $\frac{27x^9}{8}-\frac{8y^6}{27}$ j) $64x^6-\frac{125y^9}{8}$

195. b) $(x-a)(x^2+ax+a^2)$ c) $(x-y)(x^2+xy+y^2)$ d) $(x-1)(x^2+x+1)$ e) $(x-3)(x^2+3x+9)$ f) $(2-x)(x^2+2x+4)$

g) $(2x-1)(4x^2+2x+1)$ h) $(3-2x)(4x^2+6x+9)$ i) $(4-x)(16+4x+x^2)$ j) $(2x-4)(4x^2+8x+16)$

196. b) $(x-4)(x^2+4x+16)$ c) $(4-a)(a^2+4a+16)$ d) $(2-3m)(9m^2+6m+4)$ e) $(m-3)(m^2+3m+9)$ f) $(a-5)(a^2+5a+25)$

g) $(5-x)(x^2+5x+25)$ h) $(5-2x)(4x^2+10x+25)$ i) $(x-a)(x^2+ax+a^2)$ j) $(2x-3b)(4x^2+6xb+9b^2)$

197. a) $3x^3 - 6x^2 + 47x - 67$ b) $8x^3 - 87x^2 + 177x - 344$ c) $-42x^3 - 183x^2 - 258x + 1238$

d) $-27x^6 - 190x^3 + 153x^2 - 33x - 1$ e) $2x^3 - 5x^2 - 36x - 22ax + 48a - 27a^2 + 9a^3 - 56$ f) $-528x^3 + 264x^2 - 78x$

g) $\dfrac{72x^3}{25} + 20x^2 - 4x - \dfrac{19}{10}$ h) $-192m^3 + 149m^2 - 84m + \dfrac{193}{12}$ i) $183x^3 + 69x^2 + 107x - 42$

198. a) $4x^3 + 41x^2 + 43x + 52$ b) $-6x^3 + 15x + 532$ c) $-405x^3 - 77x^2 - \dfrac{140}{9}$ d) $192x^3 - \dfrac{157x^2}{4} - \dfrac{45x}{2} + \dfrac{51}{4}$

e) $4x^3 + 19x^2 + 13x - 96$ f) $32x^3 + 15x^2 + 1004x - 52$ g) $72x^3 + 7x^2 + \dfrac{17}{30}$

199. a) $a^2 + b^2 + 4 + 2ab + 4a + 4b$ b) $81 + b^2 + x^2 + 18b + 18x + 2bx$ c) $25 + x^2 + y^2 + 10x + 10y + 2xy$

d) $49 + m^2 + a^2 + 14m + 14a + 2am$ e) $1 + m^2 + a^2 + 2m + 2a + 2am$ f) $144 + b^2 + c^2 + 24b + 24c + 2bc$

g) $x^2 + 9 + y^2 + 6x + 6y + 2xy$ h) $36 + m^2 + x^2 + 12m + 12x + 2mx$ i) $a^2 + x^2 + 16 + 8a + 2ax + 8x$

j) $64 + x^2 + a^2 + 16x + 16a + 2ax$

200. a) $4 + a^2 + b^2 + 4a + 4b + 2ab$ b) $25 + m^2 + z^2 + 10m + 10z + 2mz$ c) $x^2 + 4 + y^2 - 4x + 2xy - 4y$

d) $9 + x^2 + a^2 - 6x + 6a - 2ax$ e) $9 + m^2 + b^2 - 6m + 6b - 2mb$ f) $x^2 + 9 + a^2 - 6x + 2ax - 6a$

g) $16 + m^2 + z^2 + 8m - 8z - 2mz$ h) $x^2 + y^2 + z^2 - 2xy + 2xz - 2yz$ i) $a^2 + 16 + x^2 + 8a + 2ax + 8x$

j) $64 + x^2 + a^2 + 16x + 16a + 2ax$

201. a) $4x^2 + y^2 + z^2 + 4xy + 4xz + 2z$ b) $9x^2 + y^2 + 4 + 6xy - 12x - 4y$ c) $9x^2 + 4y^2 + z^2 + 12xy + 6xz + 4yz$

d) $16 + 4x^2 + y^2 + 16x + 8y + 4xy$ e) $25 + 9a^2 + 4b^2 - 30a + 20b - 12ab$ f) $4 + 9x^2 + y^2 + 12x - 4y - 6xy$

g) $4m^2 + 36 + 9x^2 + 24m - 12mx - 36x$ h) $1 + 9y^2 - 6x + 4y^2 + 4y - 12xy$ i) $25x^2 + 1 + 4y^2 + 10x - 20xy - 4y$

j) $4m^2 + 9n^2 + 25p^2 + 12mn + 20mp + 30np$

202. a) $4t^2 + a^2 + 9b^2 - 4at + 12tb - 6ab$ b) $16 + 49m^2 + 25n^2 + 56m - 40n - 70mn$

c) $25m^2 + 9 + 36a^2 + 30m - 60am - 36a$ d) $100 + 64m^2 + 9a^2 - 160m + 60a - 48am$

e) $4 + 25t^2 + 64m^2 - 20t - 32m + 80tm$ f) $25 + t^2 + 4m^2 - 10t + 20m - 4tm$ g) $1 + 36x^2 + 49y^2 + 12x - 14y - 84xy$

h) $9x^2 + 16z^2 + 4y^2 + 24xz + 16zy + 12xy$ i) $16x^2 + 25y^2 + 9 - 40xy + 24x - 30y$ j) $1 + 9z^2 + 25x^2 - 6z + 10x - 30xz$

203. a) $4x^2 + 9y^4 + 1 + 12xy^2 - 6y^2 - 4x$ b) $4x^4 + 9y^2 + 16x^2 - 12x^2y + 16x^3 - 24xy$ c) $a^6 + 4a^2b^2 + 25 + 64a^4b - 10a^3 - 20ab$

d) $9x^4 + 16y^4 + x^2y^4 + 24x^2y^2 - 6x^3y^2 - 8xy^4$ e) $9a^4 + 25t^2 - 30a^2t + 6a^3 - 10at + a^2$

f) $9 + a^2b^2 + b^4 - 6ab + 6b^2 - 2ab^3$ g) $4m^2n^2 + 16m^2 + n^2 + 4mn^2 - 8mn - 16m^2n$

h) $25b^2 + 9a^2 + 4a^4 - 30ab - 20a^2b + 12a^3$ i) $a^4 + 9b^2 + 4a^2b^2 - 6a^2b + 4a^3b - 12ab^2$

j) $1 + 9a^2b^4 + 25a^2 + 6ab^2 + 10a + 30a^2b^2$

204. a) $9 + \dfrac{4x^2}{25} + y^2 - \dfrac{12x}{5} + 6y - \dfrac{4xy}{5}$ b) $36z^2 + \dfrac{x^4}{4} + 16m^2 - 6xz + 48mz - 4mx$ c) $\dfrac{x^2}{4} + \dfrac{1}{16} + y^2 + \dfrac{x}{4} + xy + \dfrac{y}{2}$

d) $\dfrac{4m^2}{9} + \dfrac{n^2}{4} + 25 + \dfrac{2mn}{3} + \dfrac{20m}{3} + 5n$ e) $\dfrac{a^2}{9} + \dfrac{b^2}{4} + \dfrac{1}{36} - \dfrac{ab}{3} + \dfrac{a}{9} - \dfrac{b}{6}$ f) $\dfrac{1}{x^2} + 9x^2 - 2 + \dfrac{4}{x} - 12x$

g) $\dfrac{4x^2}{25} + \dfrac{9y^2}{4} + 4z^2 - \dfrac{6xy}{5} + \dfrac{8xz}{5} - 6yz$ h) $\dfrac{9}{x^4} + 16x^2 + 36y^2 + \dfrac{24}{x} - \dfrac{36y}{x^2} - 48xy$

i) $9z^2 + \dfrac{x^2}{9} + 4y^2 + 2xz - 12yz - \dfrac{4xy}{3}$ j) $4m^2 + \dfrac{25n^2}{9} + \dfrac{1}{4} - \dfrac{20mn}{3} + 2m - \dfrac{5n}{3}$

Testes

T1.E **T2.**C **T3.**D **T4.**D **T5.**E **T6.**B **T7.**D **T8.**B **T9.**B **T10.**D **T11.**A **T12.**D **T13.**E **T14.**B
T15.B **T16.**E **T17.**C **T18.**E **T19.**B **T20.**B **T21.**D **T22.**B **T23.**A **T24.**E **T25.**C **T26.**D **T27.**D **T28.**B
T29.D **T30.**B **T31.**D **T32.**E **T33.**D **T34.**D **T35.**B **T36.**C **T37.**D **T38.**C **T39.**B **T40.**A **T41.**B **T42.**A
T43.E **T44.**D **T45.**B **T46.**E **T47.**C **T48.**D **T49.**D **T50.**A **T51.**B **T52.**C **T53.**D **T54.**A **T55.**D

Questões

Q1. 9   **Q2.** $mdc = 4$, $mmc = 2520$ **Q3.** $\dfrac{33}{4}$ **Q4.** a) $Q(x) = 222$ e $r(x) = 11$ b) 3791   **Q5.** a) $95°F$ b) $160°C$

Q6. a) 160 *gramas*   b) 295 *gramas*   **Q7.** a) $a = 27, b = -8, c = \dfrac{1}{9}, d = -\dfrac{1}{8}$ b) $b < d < c < a$ **Q8.** 607 *pessoas*

Q9. $D(36) = \{1, 2, 3, 4, 6, 9, 12, 18, 36\}$ **Q10.** $mdc = 2$, $mmc = 504$ **Q11.** $\dfrac{12022}{99}$ **Q12.** a) 2, 3 *ou* 5   b) 2, 4, 5, 10 *ou* 20

Q13. $a.a = a^2$, $a^2.a^2 = a^4$, $a^4.a^4 = a^8$, $a^8.a^8 = a^{16}$, $a^{16}.a^{16} = a^{32}$, $a^{32}.a^4 = a^{36}$, $a^{36}.a = a^{37}$

Q14. $\dfrac{-23}{16}$ **Q15.** a) 2^{21} b) 7   **Q16.** $-\dfrac{33}{4}$ **Q17.** $\dfrac{29}{20}$ **Q18.** a) $-\dfrac{1}{15}$ b) $\dfrac{1}{20}$ **Q19.** 50000   **Q20.** $b^2 - 2$

Bibliografia

ARANHA, Álvaro Zimmermann., RODRIGUES, Manoel Benedito. *Exercícios de matemática.* vol.1. 2ª ed. São Paulo: Editora Policarpo, 1994.

_____. *Polinômios e Equações Algébricas.* Caderno de Atividades. 2ª ed. São Paulo: Editora Policarpo, 1994.

ARANHA, Álvaro Zimmermann. et alii. *Matemática nos Vestibulares.* 1994·1995·1996. 2ª ed. São Paulo: Editora Policarpo, 2001.

_____. *Matemática nos Vestibulares.* vol. 2. 2ª ed. São Paulo: Editora Policarpo, 2002.

BIANCHINI, Edivaldo. *Matemática.* 7ª série. 5ª ed. São Paulo: Editora Moderna, 2002.

BOYER, Carl B. *História da matemática.* 2ª ed. Trad. Elza F. Gomide. São Paulo: Ed. Edgard Blucher Ltda, 1991.

CARLETTI, Ivo G. et ali. *Exercícios de Álgebra.* 1º volume. São Paulo: Livraria Nobel.

_____. *Exercícios de Álgebra.* 2º volume. São Paulo: Livraria Nobel.

CASTRUCCI, Benedito., PERETTI, Ronaldo G., GIOVANNI, José Ruy. *Matemática.* São Paulo: Editora FTD, 1976.

CATTONY, Carlos. *Matemática.* 6ª série. 1º grau. São Paulo: Editora Ibrasa, 1979.

_____. *Matemática.* Álgebra e Geometria. 7ª série. 1º grau. São Paulo: Editora Ibrasa, 1979.

EVES, Howard. *Introdução a história da matemática.* 3ª ed. Trad. Hygino H. Domingues. São Paulo: Ed. Unicamp, 2002.

GIOVANNI, José Ruy. et ali. *A conquista da matemática.* 7ª série. São Paulo: Editora FTD, 1992.

GUEDJ, Denis. *O Teorema do papagaio.* São Paulo: Cia das Letras, 2000.

IEZZI, Gelson. *Testes de matemática.* vol.1. São Paulo: Atual Editora, 1992.

_____. *Testes de matemática.* vol. 2. São Paulo: Atual Editora, 1992.

IEZZI, Gelson. et. alii. *Tópicos de matemática.* vol. 1. 2ª ed. São Paulo: Atual Editora, 1981.

IEZZI, Gelson., MURAKAMI, Carlos. *Fundamentos da matemática Elementar.* Conjuntos e Funções. vol. 1. 6ª ed. São Paulo: Atual Editora, 1985.

LISBÔA, Joaquim I. de A. *Lições de Álgebra.* 1º volume. Paris: Gauthier Villares Livreiro Editor, 1995.

PARENTE, José Ruy., PARENTE, Eduardo. *Aprendendo matemática.* 7ª série. São Paulo: Editora FTD, 1999.

RODRIGUES, Eduardo Celestino. *1700 Exercícios de Álgebra.* São Paulo: 1940.

SERRÃO, Alberto N. *Exercícios e Problemas de Álgebra.* vol. 1. Parte A. Rio de Janeiro: 1966.

SERRASQUEIRO, José Adelino. *Tratado de Álgebra Elementar.* 17ª ed. São Paulo: Editora Coimbra, 1936.

SILVEIRA, Ênio. MARQUES, Cláudio. *Matemática.* 5ª série. 1ª ed. São Paulo: Editora Moderna, 1995.

_____. *Matemática.* 6ª série. 1ª ed. São Paulo: Editora Moderna, 1995.

_____. *Matemática.* 7ª série. 1ª ed. São Paulo: Editora Moderna, 1995.

SOUZA, Eliane Reame de. DINIZ, Maria Ignes de Souza Vieira. *Álgebra: Das variáveis às equações e funções.* 2ª ed. São Paulo: IME-USP, 1996.

THIRÉ, Cecil. *Exercícios de Álgebra.* 23ª ed. São Paulo: Livraria Francisco Alves.

Impressão e Acabamento
Bartira
Gráfica
(011) 4393-2911